凯叔讲历史

凯叔——著

4

春秋战国 下

中信出版集团 · 北京

KAI
STORY
SHU
凯叔讲故事

序

读历史的味儿，攒人生的劲儿！

我第一次接触历史故事，是通过评书，最喜欢著名评书表演艺术家田连元先生说的《杨家将》。那个时候年纪还小，我以为真实的历史就是那个样儿。后来上了中学，课堂上的历史跟评书里讲的有点儿不一样，而且更多的是一串年代、人物、事件、结果、意义……这些知识点单一而枯燥，远没有评书的情节吸引人。于是，我找来史书自己读，想看看真实的历史到底什么样！什么《战国策》《左传》《史记》《汉书》等统统读了一遍，越读越觉得，史书里的历史远比评书里的故事更精彩。

历史源远流长，让我铭记在心的不是多么重大的历史事件，而是卷入历史事件中的一个个鲜活的人物。仔细想来，历史上每一个人物的出场都在上演着一幕大戏，每一个历史人物在面对抉择时做出的决定，都影响和推动着历史的进程。不仅大人物如此，小人物也是。我喜欢绕到历史人物的背后，去体察人物身处事件中的心境，去感受他的感受，去思考他的抉择，然后在史书里寻找蛛丝马迹，以佐证我的猜测和推断。这是一件很有意思的事，让我在寻找中不断地获得新知，在思考中不断地构建逻辑，这些都让我获益匪浅。

我就是这样爱上历史的。我也想把我从读史当中的收获分享给你。

所以，《凯叔讲历史》就是要给刚刚接触历史的你，讲述一个又一个活生生的历史人物，把历史事件的场景融进故事里。谁不爱听故事呢？这套书就用故事打开历史的大门，把历史有趣的一面呈现出来，把故事讲精彩，把人物讲活，让你身临其境。

这套书从夏启家天下讲到清末虎门销烟，近 300 个历史故事中的主要人物都是历史上真实存在过的，也都是有血有肉有灵魂的凡人。他们中有你熟悉的，也有陌生的；有你喜爱的，也有让你痛恨的。我希望你从他们的故事里，认识到千古名臣也有局限和失误，亡国之君也有善行和明政。这就跟世上没有绝对的好人和坏人一样，谁都有做对事的时候，也有犯错误的时候。

所以，这套书里没有标签化的语言和艰涩的历史名词，不会塑造任何一个刻板的人物形象或设置死胡同一样的情节，我希望你能无障碍地阅读，读到故事里面去，钻进人物内心去，体会历史中的那些人当时的喜怒哀乐，理解他们的思考和判断，像一个亲历者一样感受历史、触摸历史。

就像我们都知道的商纣王，他残暴不仁、荒淫无道，是商朝的亡国之君，但有多少人知道他少年时天资聪颖、孔武有力，也曾心怀抱负和理想，领兵打仗开疆拓土；唐玄宗李隆基在位前期勤于政事，任用贤明，开创了大唐开元盛世，可后期却怠慢朝政，宠幸奸佞，最终导致了长达八年的安史之乱，为唐朝的中衰埋下伏笔。历史上这样的例子不胜枚举。人是在不断成长和变化的，当人在成长而目标不长的时候，就很容易扭曲。

在读了这样的故事之后，我们一起来思考，是什么改变了他们？

再回归到我们身边的人和事，想一想，权力、财富、地位、名望是如何左右一个人的。这该是我们今天读历史最值得思考的方向，也是我从历史里学来的思考的方法。

这套书里还藏着一个很酷的组合，那便是马未都先生的观复博物馆提供的珍贵的文物故事和文物图片。最早和马先生聊起要给孩子讲历史时，我们便说，如果在每一个历史故事之后，能有一件文物佐证这段历史，那该是多么奇妙。比如讲越王勾践卧薪尝胆的故事，故事之后，马先生便展示出一柄剑，告诉你这便是当年越王勾践的剑，看这柄剑是什么样的材质，是什么样的纹路，刻有什么样的铭文，为什么保存千年而不锈且锋利异常。

当这个组合真的实现以后，我们才发现，这堪称一座纸上的历史博物馆啊！

是不是超酷！

故事包罗万象，承载万物，就像这套书，不仅有一个个历史人物的故事，也有一件件珍贵文物的故事。这些故事里，有历史常识、知识、典故，有古代的科技、文化、艺术，也有古老的智慧、朴素的哲理。更玄妙的是，故事仿佛在不断重演，却又在不断变化，推动着人类社会步步向前。

在《凯叔讲历史》的音频节目在凯叔讲故事 App 上播放量超过 3400 万次的时候，我们出版了《凯叔讲历史》这套书，期待你在静静地阅读时，读到一段一段真感情，也触发一段一段真感情——对历史人物的真感情，对逝去时间的真感情。当你见识了历史长河中的大抉择、大是非、大生死之后，定会有更开阔的眼界、更豁达的胸怀、更美好的未来。

凯 叔

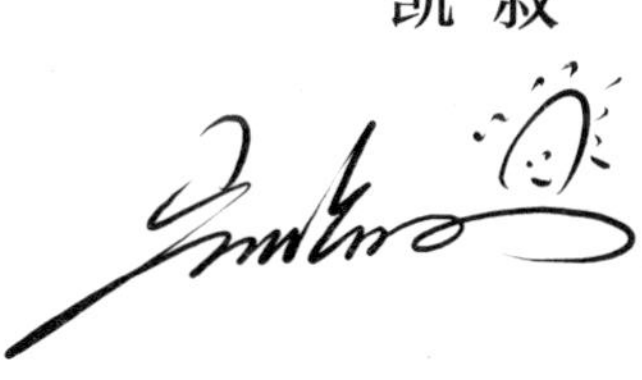

序

畅游历史长河，领略文物风华

“凯叔讲故事”邀请观复博物馆合作出版了一套适合儿童阅读的历史书《凯叔讲历史》，凯叔用了近 300 个独立的故事串起中国五千年的历史，观复博物馆又精选了近 300 件文物，来辅助说明历史故事。为了让孩子们愿意听，还特意请可爱的观复猫来“讲述”，这立刻让这套书变得生动起来，也为孩子们所喜闻乐见。

观复猫是观复博物馆养的一群猫，每只猫都极具个性，“各司其职”。它们每日在博物馆里迎来送往，与游客尤其是孩子发生过不计其数的故事。观复猫与主人、与文物之间，多年来形成了极好的关系，将文物变成与孩子沟通的桥梁，让他们在参观、读书之余，领略中国文物的精美绝伦，体会中国文化的玄机奥妙。

为儿童做文化产品，尤其做书，十分不易。长期以来，我们的教育形成了一个刻板的印象，打破这一印象需要新理念，需要所有人的共同努力。“凯叔讲故事”团队利用会讲故事的先天优势，讲述中国悠久的历史；观复博物馆的团队也整合了文物资源，将深奥难懂的文物抽丝剥茧地通过观复猫来一 一展现。这一优质组合非常难得，也正是目前社会所需要的。

由音频故事升级为图书，让历史和文物变得鲜活和直观，并可以随时翻阅，加深印象，这对孩子无疑是个天大的好事。帮助孩子在历史的长河中畅游，在文物的森林里采撷，保持学习的兴趣，此套书身体力行，捷足先登。

是为序。

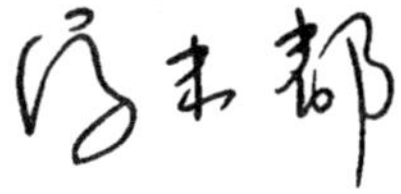

戊戌春

目录

目

录

凯叔讲历史

4

春秋战国

（下）

第34篇

疯狂的国君（三）：错当了国王的举重冠军

武王举鼎

前面我们结识了一位疯狂的君主——赵武灵王，他先别出心裁地将胡服骑射引入中原，影响了整个中原的战争格局。紧接着又派楼缓卧底在秦王身边，差一点就把秦国也消灭了。这样一位极具冒险精神的王，在春秋战国时期，可以说非常疯狂。我们再来认识一位疯狂的国君——秦武王。

一天，一个人来到了周天子存放九鼎的偏殿。此人身高九尺，体型健硕。只见他赤裸着上身，冲着大殿外的周天子和文武官员，投去了一丝轻蔑的目光。随后，他昂首走到一座龙纹赤鼎前，双膝微蹲，两只手抓住鼎足，浑身上下鼓起力气，猛一发力，暴喝一声：“起！”

殿外的周天子和文武百官全都屏住呼吸，两眼眨都不眨，生怕错过了巨鼎离开地面那精彩的瞬间。

那究竟什么是九鼎？此人又是谁？他为什么要举鼎？

据记载，周天子的这九座大鼎，是当年大禹治水之后造的，象征着天下九州。所以，拥有九鼎就意味着坐拥天下。因此，九鼎就一直被存放在周天子的偏殿上。

九鼎之首，是最大的那座鼎。据史料记载，这座鼎“重万斤”，叫龙纹赤鼎。

举鼎之人，就是秦武王。他姓嬴，名荡，是当时秦国的国君。嬴荡自小就身强体壮，力大无穷，能开十石弓，能举千斤鼎，横推八马倒，倒拽（zhuài）九牛回。他重武好战，继位以后，更是不负众望。在他的领导下，秦国先后平定了蜀国的叛乱，攻取了宜阳（当时韩国都城）和楚国。而拿下宜阳的这一年，他才二十三岁。也是这一年，他把目光瞄准了周天子。

在当时的战国，周天子虽没什么势力，地盘也不大，名义上却是全天下的最高统治者，他掌握着代表天下九州的九鼎。那些年，虽霸主迭出，却始终没人敢打九鼎的主意。因为所有国君都知道：如果有人敢夺九鼎，灭了周天子，就意味着成为所有人的敌人！

而嬴荡对此却丝毫没有顾虑和忌惮，他就是要把九鼎夺过来，告诉所有大国：我秦国志在天下！

为此，嬴荡御驾亲征，一路上势如破竹，摧枯拉朽般地直逼周天子居住的洛邑。

周天子听闻此事，赶紧把满朝文武召到一起，商议对策。可朝堂之上，诸君却大眼瞪小眼，没有一人想得出办法来。

周天子眼中含泪，感叹道："难道真的要寡人将九鼎拱手送给秦国？"

这时，一个文官灵机一动，说道："大王，就让他们来搬吧。不过，咱们要提出一个条件：要是他们有人能举起最重的龙纹赤鼎，且毫发不伤，您就把鼎送给他们。"

这委实是个没有办法的办法，毕竟已经兵临城下了。

周天子试着跟嬴荡提出这个要求，原本以为嬴荡不会答应，但是出乎意料，嬴荡居然毫不犹豫地答应了。

其实道理很简单，在嬴荡看来，举起龙纹赤鼎，意味着将天下攥在手里，他要借着这个机会告诉整个中原：天下就在我嬴荡的掌握之中，灭你们那是迟早的事！

于是，按照约定，嬴荡带着手下，来到了大殿。在偏殿处，终于看到了闻名已久的那九座巨鼎。

周天子指着殿内的龙纹赤鼎，对嬴荡说："这鼎可有万斤重，稍有不慎，就会被砸得粉身碎骨。"其实，周天子这话隐含着另外一层意思："你想要夺取天下，小心被天下灭了。"

不料，嬴荡却哈哈大笑："区区万斤而已，寡人举它易如反掌。"

这时，嬴荡的宠臣任鄙[①]走了出来，说道："大王，杀鸡焉用宰牛刀？臣愿先行一试！"

嬴荡是个大力士，他平时也喜欢大力士，所以，他的宠臣都是力大无穷之人，这个任鄙就是其中的佼佼者。

面对任鄙的请求，嬴荡微微点了点头。

这时，只见任鄙晃着膀子，大摇大摆地走到龙纹赤鼎前，他双手环抱，大喊了一声："嘿！"

这巨鼎竟然纹丝没动。

任鄙再次用力："啊——"他喊得嗓子都哑了，巨鼎仍然不动。

这时，嬴荡的另外两个宠臣孟贲[②]和乌获[③]看不下去

---

① 任鄙：战国时秦国人，秦武王时期著名的大力士。

② 孟贲：战国时秦国人，是古代著名的武士，也有人说是齐国人。

③ 乌获：战国时秦国的大力士，与任鄙、孟贲齐名。秦武王爱好举重比赛，重用他与任鄙、孟贲为大官，据说能举千钧之重。

了。他们两个大力士一起冲了上来，抓住巨鼎的鼎足，三个人一起用力："嘿——"巨鼎终于微微倾斜，腿也离了地。

周天子万万没想到，天底下竟有力气这么大的人。见此状，他急得冒出了一头冷汗。

这时，旁边一个文臣叫了起来："说好是一个人举的，这是三个人举起来的，不能算！"

他话音刚落，孟贲三人同时发出一声惨叫。

"咚"的一声巨响，那巨鼎重重地落在了地上。只见举鼎的三个人捂着胳膊，疼得蜷缩在地上，一时爬都爬不起来了。仓促赶来的太医察看后，说："孟贲三人用力过度，两臂脱臼了。"

闻此，周天子得意起来，哈哈大笑道："看来，这天底下，没有哪个人能举起龙纹赤鼎还毫发无伤啊。秦王，这鼎有多重，天下就有多重！"

"未必！"嬴荡闻此，一边怒喝，一边脱掉上衣，卸下佩剑，径直向偏殿中的巨鼎走去。

周天子见此，大吃一惊，喝道："你可要想清楚了。"

嬴荡不理会他，径直走到龙纹赤鼎前，身体前倾，双臂牢牢抱住了巨鼎。他回头看了一眼殿外惊诧的人们，嘴角上扬，露出了鄙视的神情。随后，他气沉丹田，稳扎马步，后腰发力，大吼一声："起！"

巨鼎没动。

嬴荡心想："有点意思！寡人长这么大，还是第一次遇到能跟寡人如此较劲之物！"

只见嬴荡松开双手，直起腰，围着巨鼎转了两圈。他重新找到一个最佳的举鼎位置，片刻之间，便再次聚集了全身之力，又喊了一声："起！"

随着众人的一声惊呼，那龙纹赤鼎终于缓缓地离开了地面。但只是一瞬间，就又狠狠地砸了下来。

周天子高喊："秦王，还是算了吧。别伤了自己。"

"不能就此罢休，天下没有我嬴荡做不到的事！"嬴荡不服气地喊道。

此时，嬴荡心中发了狠，誓要举起巨鼎。只见他再次咬紧牙关，压低重心，放宽了两脚之间的距离，重新运气之后，又一次发力，满脸涨得通红，额上也青筋暴露，豆大的汗珠顺着脸颊滚落下来。由于脚下压力过大，地面已经被他踩出了两个深坑。

慢慢地，巨鼎再一次离开地面。旁观者都看傻眼了，他们忘记了喝彩，两只眼睛都直勾勾地看着巨鼎。

眼见巨鼎的鼎足被嬴荡举过了膝盖，举过了腰线……但他的身体却突然剧烈地颤抖。于是，巨鼎停住了，不再升高了。可是，嬴荡没有放弃，他要证明自己是不会失败的。

而此刻，在场的人都把目光从巨鼎移到了嬴荡身上，每个人都紧张得不敢呼吸。

此时此刻，就连幸灾乐祸的周天子也打心眼里发出了一种声音："举起来！举起来！"

"咿——呀——"随着嬴荡一声暴喝，那巨鼎再次升高，大家眼看着鼎足越过了嬴荡的胸、肩膀，最终被他稳稳地举在肩上。

周天子扑通一声坐在地上，此刻心里只有两个字："完了。"

而此时的嬴荡已经面红如血，他知道自己成功了。他想张嘴说话，他想说出一些能让史官记在史书上的话。然而，两唇微张之际，他的表情突然变得异常痛苦。显然，他已支撑不住了。随着"轰隆"的一声巨响，他突然倒地，巨鼎也重重地砸在了他的腿上。这位天下第一大力士，战国时最强国的一国之君，瞬间便两眼凸出，口喷鲜血，不省人事。

见此，周天子忙不迭地从地上爬了起来，命令道："传医官！传医官！"

此时，周天子的心情极其复杂。

他眉头微蹙，凝神注视着前方。一方面觉得嬴荡英年早逝，委实可惜；另一方面又觉得心里踏实了不少——嬴荡一死，就没人来夺鼎了。而这大周，还可以在名义上存续，自己名义上也还是周天子。

就在当天晚上，年仅二十三岁的嬴荡气绝身亡。因为他一生尚武，死后谥号[1]武王。这就是历史上的秦武王。

说一说

读了这个故事以后，你怎么评价秦武王举鼎而死这件事情呢？如果你是周天子，你会怎么应对秦武王要举鼎这件事？

① 谥（shì）号：人死之后，后人给予评价的文字。这些评价文字长短字数不定，有的一两个字，有的二十多个字。

第35篇

牛，打赢了这场战争！
田单复国

还记得苏秦在齐国做卧底、做间谍的事吗？在苏秦的“努力”下，齐国的兵力、财力终于消耗殆尽了。那个齐湣（mǐn）王骄横又残暴，逐渐失去了民心。当时的齐国出现了上下一片混乱的局面。

这个时期，燕国的国君是燕昭王。燕昭王联合了韩、赵、魏、楚等国家，拜军事天才乐毅[①]为上将军，率领五国共四十四万联军，攻打齐国，一口气攻下了齐国七十多座城池，几乎占领了整个齐国。齐滑王也被自己手下

① 乐毅（Yuè Yì）：战国后期杰出的军事家，魏将乐羊后裔。

的部将杀了。整个齐国只剩下莒城和即墨两座城池在拼死挣扎，坚决不降，长达三年的时间里硬生生地抵抗住了五国联军。其实，此时的莒城和即墨也并不好过。五国联军在城外九里之处设营筑垒，整个城池被围得水泄不通。即墨城中仅剩数千名守军，粮草早已见底。

而这三年以来，乐毅的五国联军将战术由强攻改为攻心。他下令：城中百姓有出来投降的，不加拘捕；有困难的，予以赈（zhèn）济。对于投降的百姓，五国联军都会供给粮食，让他们吃上饭。

可是知晓战况和国家局势的齐国百姓却没有一人愿意出城投降，这又是为什么呢？

原来，这一切都要归功于一个人——田单（dān）。

田单本来是一个下级军官，即墨守城之将战死之后，他便担起了守城的任务。为了挽救危局，他重新整顿了当时城中的残兵，又亲自带头构筑城防工事，加固城墙，挖深护城河。

田单与将士同甘共苦，让将士与百姓很是感动。为此，即墨军民团结一心，斗志昂扬，决心誓死也要保卫自己的家园，将抵抗进行到底。

田单也并不是没理由地无尽死守。实际上，他一直在等待一个机会，一个让他绝地反击的机会。

公元前 279 年，任用乐毅为五国联军统帅的燕昭王死了。

新的燕国国君燕惠王登基不久，就传来了谣言："大王，您想想，整个齐国只剩两座小城未破，这两座小城怎么能拖了五国大军整整三年？想来是乐毅不想快速灭齐，他是为了等老燕王薨[1]。这样，他自己作为五军之首，就可以独占灭齐的大功。他也可趁机留在齐国不回来了。乐毅是要做齐王啊。"

闻此，燕惠王便毫不犹豫地罢免了乐毅的统帅之位，改命将军骑劫去前线接替乐毅，做联军统帅。

打仗最忌讳的就是临阵换将，军心很容易因此大乱。加上五国联军对这两座小城又久攻不下，听到换将的消息，军营里顿时流言四起，军心涣散。

此时，即墨城内的田单听到这个消息，激动地一拍大腿，说："成了！"

千载难逢的大好时机，终于让田单等来了。

此时，这个骑劫将军，全副武装，骑一匹战马，身后跟着大队人马，耀武扬威地来到了前线的军帐之内。骑劫认为，乐毅此前已经围城三年了，想必这即墨城内早已人

---

① 薨（hōng）：在君主时代，大官或诸侯死了叫薨。

丁凋零、粮草殆尽。乐毅已经把仗打得差不多了，自己捡了一个天大的便宜。眼下，只要攻破莒城和即墨这两座小城，灭齐的功劳就是他的了，封侯拜相自然是早晚的事。所以，骑劫来到前线的第一件事，便是立刻筹备强攻，打算不惜一切代价，迅速拿下这两座城池。

骑劫上任后的一天傍晚，一个巡营的士兵前来报信：“报，启禀将军，我们抓到一个齐国逃兵，请您定夺。”

“哦？带上来。”闻此，骑劫答道。

于是，两个燕国士兵押着一个人，走进了大帐。此人穿了一身百姓的素服，吓得手脚颤抖，体似筛糠，跪倒在骑劫面前，一直求饶：“将军饶命。小的原是即墨城内的粮库小吏。眼下，即墨城中粮草已空，小的奉副将军之命，特地前来投降。”

“哦？那你说说，现在城中是什么情况？”骑劫问道。

来人慌慌张张地答道：“城里加上老弱病残，不到五千人。马匹已经没有了，都被吃了；武器也没有了，全剩下自制的木棍木棒了；粮食早就光了，现在连老鼠都被吃光了。”

骑劫上下打量着眼前之人，破衣烂衫、骨瘦如柴，心想就冲他这样子，刚才说的话也应该是真的。于是，又问道：“那你说说，你们副将军想要投降，有什么条件？”

“现在齐国大势已去，城破是迟早的事。我们副将军决定明日午时，亲手杀死田单，开城投降。到时，请您率兵里应外合。我家副将军只希望您能善待城中百姓，别无他求。”

“嗯，好，我答应你。来人，带他下去休息。”

待此人出了大营之后，骑劫的副将上前说道：“将军，末将觉得这个逃兵，很是可疑，不可尽信。”

“诈降这种雕虫小技，岂能瞒得过本将军。他说明日午时投降，那咱们就黎明时分，出兵攻城，杀他个措手不及。”骑劫哈哈大笑地答道。

“将军高见。”

于是，当天入夜，五国联军的士兵休息得很早，因为他们接到命令养精蓄锐，明日黎明时分，发起总攻。

骑劫躺在营中，做起了美梦，就在他梦到自己凯旋接受燕王册封时，半空中突然打了个炸雷，把他从梦中惊醒了。这一醒，骑劫发现耳边确实有“轰隆隆”的声音，像是雷声，却比雷声更加急促、更加沉闷。

就在骑劫纳闷的时候，一个士兵满身血污、连滚带爬地冲进营帐，汇报道：“报！启禀将军，大事不好，我们被偷袭了！”

骑劫一个激灵跳了起来，问道："何人来犯？"

"不……不……不知道，没……没……没看见人！"

骑劫心里咯噔一下，心想："坏了！坏了，难不成自己这统帅之位还没坐热乎，命就断送了？"

想到这，骑劫慌忙冲出了营帐，此刻出现在他眼前的竟是一片火海，惨叫之声不绝于耳。营帐之间居然有数不尽的火球，轰隆隆地掠过，刚才听到的雷声就是这火球发出的。这些火球似乎没有目标，见人就撞，见缝就钻，不仅速度极快，力量也巨大，所到之处尽是一片狼藉。不一会儿，联军营帐便都着了火，风借火势、火借风威，其间还夹杂着喊叫声、哭泣声、马嘶声……还有牛叫的声音。对，就是牛的嘶号之声。

骑劫终于反应过来了，刚才那些"火球"可不是火球，而是一头头着了火的疯牛。

就在这无数火牛一片烧杀之时，火牛阵的后面，一匹骨瘦如柴的战马驮（tuó）着一位甚是消瘦的人，直奔五军营帐而来。骑马之人率领着一群手舞棍棒的步兵，只见他头缠汗渍（zì）斑驳的布巾，身着满是破洞的战袍，一脸杂乱的络腮黑胡须，眼神却明亮又坚毅。

此人正是大将田单。

在田单身后有五千士兵。这五千人，也是衣衫褴褛，形同乞丐。这些人憋在小城里边，整整三年，吃不饱、喝不好。此刻，他们每个人的眼睛里都闪烁着饿狼般的凶光。田单带领这五千子弟兵，在火牛的后面乘胜追击。转瞬之间，五国联军便全线溃败，落荒而逃。

原来，田单自从被推选为主帅以来，便一直苦思破敌良策。为此，他先派人到燕国的都城散布谣言，说乐毅要谋反，乐毅要做齐王，让燕惠王起疑，罢了乐毅的官，换上了好大喜功、刚愎自用的骑劫做主帅。骑劫上任后，田单又派人诈降，麻痹对方。随后，他命人把城里一千多头牛全部武装了起来，在牛角上绑上短刀，牛身上披上彩布，牛尾上绑上淋了油脂的苇草。紧接着，诈降的当天晚上，田单就下令大开城门，把牛头都对准了联军的营帐。然后，一把火点燃了牛尾上的苇草。顷刻间，一千多头牛，便因为疼痛难忍，没命地奔向了五国联军的营地。此刻，五国联军还在睡梦中，听到巨大的声响，他们突然惊醒，黑夜里也看不清是什么东西，只是觉得着了火的怪物扑了过来，他们个个吓得抱头鼠窜、拼命逃命，哪里还有作战的信心。

火牛在营地里横冲直撞，牛尾上的火，蔓延至整个军帐，兵营瞬间被烧成了一片火海。牛角上的尖刀又不知挑死了多少兵将，“砰砰”作响的牛蹄子也不知把多少人踏为了肉泥。

就这样，骑劫被杀，以前被燕军攻占的七十几座城池的守军，听闻齐兵大获全胜，又纷纷叛燕归齐了。田单趁势逐一击退燕军，收复了整个齐国。

在缺兵少马的情形之下，田单发明出火牛阵，以少胜多、以弱胜强，最终取得了战争的胜利。与其说是牛打赢了这场战争，还不如说是田单聪明的头脑和坚毅的性格打赢了这场战争。

说一说

田单在毫无优势的情形下，挽救了濒临灭亡的齐国，大破燕军，先后收复了七十余座城池。回忆故事，你能梳理出田单是如何逆袭获胜的吗？当我们身处逆境时，应该做些什么呢？

第36篇

疯狂的石头（一）
和氏璧的前世今生

如果说，前面的故事是“疯狂国君”系列的话，接下来是另一个疯狂故事。这个故事的主角不是人，而是一块流传千古的美玉——和氏璧。

实际上，自从和氏璧出世，前前后后共有不下十位君王为它明争暗斗。这块玉璧，引发过战争，平息过纷争；有人因它升官加爵，也有人因它命丧黄泉。这究竟是一块怎样的玉璧？它又有什么神奇的力量呢？

据史书记载，春秋时，楚国有一位名叫卞和的采玉之人。一个夏天的清晨，卞和登上荆山采玉，他意外地发现一只凤凰在一块大石上翩翩起舞，昂首高歌。

凤凰可是不落无宝之地的。想到这儿，卞和兴奋极了：那里一定有稀罕的物件！

于是，等到凤凰离去，卞和便走到凤凰刚刚停驻过的那块石头前。那石头并不大，远看黢（qū）黑黢黑的，上前仔细一瞧，阳光下，这石头，似乎有着不一样的颜色！

“难道，这是块璞石[①]？”卞和暗喜。

接着，卞和便熟练地将耳朵贴在石头上，用小锤在石头的各个部位轻轻地敲击。果不其然，在敲击到某一点的时候，这块石头竟发出了清脆悦耳之声。此时，卞和不禁心头一震：这可不是一般的石头，这是一块上好的璞石，这里面一定蕴藏着非常珍贵的宝贝。

在那个时代，采玉人和负责雕琢玉器的玉匠，是完全不同的两个职业。像卞和这样的采玉之人，虽然对璞石有着非常敏锐的判断力，却没有开石的本领。

那时不像现在，卞和所处的春秋战国时代，根本没有现代化的工具，如果没有高明的玉匠来开这块石头，很有可能会把里面的美玉给开裂了、开碎了。可是，那时高明的玉匠都被楚王收进了楚王宫里，于是，卞和便毫不犹豫地把这块璞玉献给了当时的楚王——楚厉王。

楚厉王这个人，没什么耐心，性格比较粗犷，也不

① 璞（pú）石：包裹着玉的原石，也指未经雕琢的玉。

懂什么玉石、什么璞石。于是，楚厉王就叫宫中的玉匠前来鉴别。可是宫里的玉匠拿起卞和拿来的这块大石头，怎么看都觉得它是块石头，没什么特别的。听了宫中玉匠的判断，楚厉王便对卞和发火了："大胆刁民！你竟敢拿一块普通的石头来骗寡人，该当何罪？"一气之下，楚厉王砍掉了卞和的一只脚，把卞和赶出了宫门。

不久之后，楚厉王去世，楚武王继位。

少了一只脚的卞和不甘心，又来向楚武王献玉，没承想，这回玉石还是没有被认出来，卞和还因此又失去了另一只脚。

此时，卞和心里非常难过。他知道，璞石之内定有美玉，可自己又没有让这美玉见天日的本事，为了这块美玉，他已经失去了双脚。但是，卞和还心有不甘。于是，他做了一个决定：哪怕终其一生的努力，也要想方设法，让这美玉出世。接下来，卞和就一直在等待一个再次进献这块玉的机会。

这一等，就是五十年。

公元前690年，楚武王去世。次年，楚文王继位。此时的卞和已经是位年过古稀的老者。当他听闻新君继位之时，便来到了荆山之下，号啕大哭，一直哭了三天三夜。有人说，他双眼的泪水都哭成了血水。

很快，这件事便传遍天下，也传到了楚王宫。楚文王听说荆山下有一位断足老者，哭泣不止，倍感震惊，于是，便主动派人召见了卞和。

“老人家，天下被断脚之人如此之多，为何独有你哭得如此悲伤？”见了卞和，楚文王问道。

“启禀大王，草民手中这块稀世璞石，明明是珍宝美玉，却被当成寻常石块。草民心中一片赤诚，说的明明是肺腑之言，却被认为是在撒谎。草民不是因为自己被斩去双足而哭泣，而是因为这世道而难过！”卞和答道。

闻此，楚文王略有不忍：“若此石当真只是一块普通的石头呢？”

“草民愿以性命担保。”卞和答道。

楚文王不禁为之动容，他立刻叫人拿了工具，请玉匠当场开了这璞石。

玉匠一刀下去，霎时间，只见璞石内白玉的光芒映亮了整个大殿。

在璞石的断裂之处，一块洁白无瑕、微微透明、放射着珠玉光芒的玉石，赫然映入在场每一个人的视线中。

楚文王感慨于卞和的一片忠心和识玉的本领，当即命令工匠将玉石雕琢成了一块白璧，并命名为“和氏璧”，以“和”为名，就是要纪念和表彰卞和的功劳。而卞和守候美玉一生，终究因为这块美玉而名传千古了。

从这以后，和氏璧就一直珍藏在楚国的王宫之中。

直到公元前323年，当时的楚国令尹[1]昭阳率军攻打越国，杀死了越王无疆，又夺取了魏国的大量土地，威震齐、燕、赵、魏、秦、韩六国。为了表彰昭阳的功勋，楚怀王就把和氏璧赏赐给了昭阳。昭阳视若珍宝，每时每刻都把和氏璧带在身上。

一天，昭阳宴请宾客，喝得酩酊（mǐngdǐng）大醉。一觉醒来，发现和氏璧竟然不见了。为此，昭阳勃然大怒，严刑逼问当日在场的所有人，并且派人四处寻找。可是，和氏璧就像在人间蒸发了一样，一点踪迹也没有。

时间不知不觉地过了十年，这块天下人都想得到的美玉竟然意外地到了赵国宦官缪贤的手里。

原来，这是缪贤花了五百金，从一个外国商人那儿买来的。开始，缪贤并不知道这是和氏璧，只是觉得这块玉很神奇：晚上能发出照明之光，灰尘无法沾染；冬天握在手里，微微发热；夏天用手摸着，又凉爽无比；百步之内，蚊虫无法靠近。

经过玉匠大师的鉴定，他才知道原来这就是大名鼎鼎的和氏璧！

得知这个消息，缪贤高兴极了。他严令手下：任何人都不准把和氏璧的事泄露出去，否则，杀无赦。

---

① 令尹：楚国官职名，相当于宰相。

武王举鼎

可是，天下没有不透风的墙，纸终究包不住火。没过多久，赵惠文王就知道了这件事，他非常生气，在宫中大发雷霆：“什么？寡人手下的宦官得到了天下至宝，居然敢不把这消息告诉寡人。”于是，他下令，让缪贤把和氏璧交出来。

谁知道，那缪贤利令智昏，一时间犯了糊涂，他找了一块普通的玉献给了赵王，妄图蒙混过关，说：“这就是和氏璧。”

那赵王身为一国之君，什么没见过？身边又高人无数，怎会那么容易被欺骗？于是，一个月黑风高的夜晚，赵王命人闯入缪贤家中，翻箱倒柜，把和氏璧夺了去。

这下，缪贤可知道害怕了。这可是欺君之罪，杀头的。他想跑到燕国避难。这时，缪贤府中的一个人拦住了缪贤：“大人，您不能去燕国！”

缪贤抬头一看，见此人生得清秀俊逸、气宇不凡。细长的眉毛，高挑的鼻梁，尖细的下颚，虽长相俊美，却不失阳刚之气，平静的眼波下暗藏着锐利如鹰的眼神。

此人，正是缪贤的门客[1]蔺相如。

蔺相如对缪贤说：“当今天下，赵国强，燕国弱。燕

---

①门客：一些有身份、有地位、有钱的人家里养的具有特殊才华的人。

王之所以愿意和您结交，是因为您得到了赵王的宠幸。如今，您如果逃至燕国，您就成了赵国的逃犯了，那时，燕王势必会把您捆绑起来，送回赵国！”

“那我该逃去何方？”

“您的家业都在赵国，与其逃亡，不如求得赵王的原谅！”

听了蔺相如的话，缪贤便来到赵王面前，脱了上衣，袒胸露臂，趴在砧（zhēn）板之上，哭着对赵王说：“大王，请您施以斧质之刑，将臣腰斩，以赎臣欺君之罪。”

本来，赵王对缪贤怒不可遏，但看缪贤这般模样，便动了恻隐之心。毕竟，缪贤侍奉了自己多年，非常忠心，也非常默契，往往自己一个眼神过去，缪贤就知道自己想要什么，真把他杀了，再找这么一个机灵的人可不容易。

想到这儿，赵王叹了口气，说道：“这次暂且放过你，如若再犯，定不轻饶！”

闻此，缪贤千恩万谢，心中不免暗暗松了一口气：总算是捡回了一条小命。

于是，和氏璧的主人又变成了赵惠文王。

可是，赵王刚高兴了没几天，就收到了秦昭襄王的一封信。这秦昭襄王就是秦武王的弟弟，秦武王举鼎死后，继位的就是这位昭襄王。信上说：秦王愿意用十五座城池，换取赵王手中的和氏璧。

见到昭襄王的信后，赵王犯了难：如果把和氏璧交给秦国，怕得不到秦国的城，白白被欺骗；不给吧，秦国太过强大，如果以此为借口发兵过来，那就是赵国之难。

给，还是不给？赵王为此寝食难安。

说一说

你觉得赵王会把和氏璧给秦国吗？如果你是赵王，你会怎么做？

第37篇

疯狂的石头（二）

完璧归赵

从上一篇故事中，我们了解了和氏璧的由来，围绕着和氏璧还发生了一个特别有趣的故事，这个故事在历史上被称作“完璧归赵”。

据记载，和氏璧是块非常难得的宝玉，从正面看，洁白无瑕；从侧面看，则莹莹发绿，从不沾染丝毫的尘埃。如同其他璧一样，和氏璧中间当然也有一个孔。对着阳光看，这璧里似有似无地藏着一条飞龙。这真可谓是世间独一无二，价值连城！当时，民间甚至流传着“得和氏璧者得天下”的说法。没有一个人不想一睹这块美玉的风采的。

所以，秦王听说赵国得到了和氏璧，就派人给赵王送去了一封信，信上说：秦愿以十五座城池换取和氏璧。当时的秦国非常强大，任何一个诸侯国都不敢轻易得罪它，赵国当然也不例外。

面对秦王提出的交换条件，赵王火速召集了朝中的大臣们商量对策。

朝中一位大将军提议：“大王，臣建议，把和氏璧献给秦王。秦国实力强大，如果我们不把和氏璧献出，秦王定会派兵攻打赵国。”

也有大臣担心：“秦国一向狡诈，万一我们把和氏璧献给了秦王，但是秦王却不给我们城池，怎么办？”

“对啊，对啊！但是秦国如此强大，不给恐怕也不行啊。”

一时间，大家都拿不定主意了。突然间，一个大臣灵机一动，想出了一个主意，说道：“大王，您可以派一人带着和氏璧出使秦国。如果秦王遵守诺言自然很好。倘若他出尔反尔，这个人就带着和氏璧回来。”

大臣们都很赞同这个主意，可是派谁出使秦国呢？显然，这个使者必须是一个智勇双全的人。

缪贤说道：“大王，我的门客蔺相如可以担当重任。”

赵王问：“何以认为他能胜任呢？”

“大王，臣曾经面临生死抉择，正是那蔺相如帮臣做了正确的选择，才救了臣一条性命。故而，臣认为他是个勇士，有智谋，此次出使秦国，这使者的人选非蔺相如不可。”

于是，赵王便召见了蔺相如。

赵王问蔺相如：“秦王打算用十五座城池换寡人的和氏璧。你说换还是不换呢？”

蔺相如答道：“秦强而赵弱，不能不答应秦王。”

“若秦王拿走和氏璧，却不给寡人城池，如何是好啊？”

“果真如此，那秦国岂不是要在诸侯国之间失去了信任。秦国拿出十五座城池来换一块玉璧，这代价实在是太高了。如果我赵国不答应，那错在赵国。秦王可以借口攻伐我赵国。那时，我们损失的恐怕就不止十五座城了。而大王把和氏璧送过去，如果秦国不交出十五座城池，那错就在秦国。我们不如先答应，让秦国承担这个错误。”

“那寡人该派何人出使秦国呢？”

“大王如果实在找不到人的话，臣愿意捧着和氏璧出使秦国。若秦王反悔，臣保证完整无缺地把和氏璧带回赵国！”

见蔺相如胸有成竹，赵王长长地松了口气。他亲自给秦王写了国书，随后，就命蔺相如带着和氏璧出使秦国了。

秦王在章台宫接见了蔺相如。

蔺相如双手捧上和氏璧。秦王见了很是高兴，哈哈大笑道："真乃旷世美玉啊！来，来，大家都欣赏一下。"说着便命人将和氏璧传给了在场的诸位大臣观看。

见到和氏璧，大臣们纷纷高呼："大王，这的确是个宝贝啊！"

"哈哈哈……这光泽如月光一般，真是好看啊！"

"恭喜大王得到举世无双的宝贝。"

……

蔺相如冷眼站在朝堂之上，等了很久，却不见秦王提换城池的事。他暗暗想道："想必秦王并不是真心换璧，可和氏璧现在已经在秦国人的手上了，怎么才能拿回来呢？"

想着想着，他突然灵机一动，上前说道："启禀大王，臣有话要说。"

"说来听听。"秦王说道。

"和氏璧虽然精美，可上面也有一点小小的瑕疵（xiácī），一般不仔细看不容易看出来，请让臣指给大王看看。"蔺相如试图要回和氏璧。

"哦？"闻此，秦王马上让侍从把和氏璧又交给了蔺相如。

接过和氏璧，蔺相如便捧着它往后退了几步。

只见他背靠着一根柱子，高高地把和氏璧举起，手不住地颤抖，脸上愤怒得通红，说道：“大王，平民之间的交往尚且注重诚信，国与国之间的交往更当如此！您拿了和氏璧却迟迟不提交换城池之事，这让诸侯各国如何信任秦国。今天，如果您不用城池交换的话，臣万万不会再将和氏璧交予您。如果您一定要逼臣的话，那么，臣现在就把自己的脑袋与这和氏璧一起撞碎在柱子上。”说着，蔺相如就把和氏璧举到了头顶，又把头顶对着柱子，眼看就要撞过去了。

见此状，秦王立刻皱起了眉头，心想：“如果他一气之下撞碎这绝世之璧，岂不可惜。更何况，他如果真撞死在章台宫中，那时，寡人该如何向天下解释，难道说寡人为了得到宝贝，把赵国的使者逼死在大殿上了？”

想到这，秦王马上转换口气：“哈哈哈……您别误会，寡人怎么可能不讲诚信呢？快来人，把十五座城池的地图呈上来。”

见此，蔺相如心想：“这秦王不过是做做样子，我还是要谨慎。” 于是，他高声说道：“和氏璧是天下公认的宝玉。赵王出于对秦国的尊敬，在送和氏璧的时候曾斋戒五天以表敬意。大王您现在也理应斋戒五天，且在朝堂上设九宾之礼[①]，向天下昭告您的诚意，臣才敢再次献上和氏璧。”

此刻，秦王心里盘算着：“这蔺相如绝非等闲之辈，和氏璧终究不可强取，不如先答应他。”于是，秦王便答应了蔺相如的要求。随后，秦王又命人把蔺相如安置在客栈里歇息。

而蔺相如觉得秦王虽答应了斋戒，却未必会遵守誓言。毕竟，拿出十五座城池换一件美玉，这种荒唐事绝不是秦王干得出来的！于是，他打发自己的随从穿着粗布衣服，打扮成买卖人的模样，怀揣着和氏璧，从小道逃走了，就这样把和氏璧偷偷地送回了赵国。

斋戒五天之后，秦王果然在朝堂上设了九宾的礼仪。蔺相如不慌不忙地走上殿去，向秦王行礼。

秦王见了蔺相如，笑道：“哈哈哈……蔺相如，寡人已斋戒五天，按你的要求设置了九宾之礼。现在，你该把和氏璧拿出来了吧。”

“大王，恕罪！臣担心这次出使辱没使命，换不回城

---

① 九宾之礼：中国古代外交上最隆重的礼节。

池，还将和氏璧弄丢了，就让人把和氏璧送回赵国了。”蔺相如不慌不忙地答道。

“你竟敢戏弄寡人！”秦王闻此，勃然大怒。

“大王息怒！容臣把话说完。您若真是想要和氏璧的话，请先把十五座城池割让给赵国。然后，派遣使者跟臣一起到赵国取璧。秦强而赵弱，赵国得了十五座城池之后，绝不敢不把和氏璧交出来。臣知道，欺骗大王是死罪，恳请大王现在就处罚臣，但还是希望大王和诸位大人们仔细商议一下。”

听闻蔺相如这番话，秦王和大臣们面面相觑[①]。这时，侍从中有人叫嚣着：“这是欺君之罪，理当问斩。”

片刻，秦王摇了摇头，说道：“现在杀了蔺相如，终究不能得到和氏璧，不仅绝了秦、赵的关系，更会失威信于天下人。也罢，传寡人旨意，好好招待蔺相如，然后送他归赵。”

其实，秦王本就没真心想用十五座城池换和氏璧，不过是想借这件事试探一下赵国的态度和力量。

后来呢，秦国自然是没有给赵国城池，而赵国也没有

① 面面相觑（qù）：你看我，我看你，形容大家因惊惧或不知所措而互相望着，都不说话。

把和氏璧献给秦国。蔺相如回到赵国后，赵王看蔺相如确实是个有勇有谋的人才，就封他做了上大夫，地位在大将军廉颇之上。

说一说

如果你是蔺相如，会用什么办法保护和氏璧，又有什么办法让秦王信守承诺呢？有没有和蔺相如完璧归赵不一样的办法呢？快快开动脑筋想想吧。

第38篇

疯狂的石头（三）

负荆请罪

蔺相如完璧归赵之后，赵王就封他做了上大夫。秦王则以赵国不和他联合起来攻打齐国为借口，开始攻打赵国，而且是屡战屡胜，夺取了赵国很多城池。后来，秦王又想打楚国，为了安定局势，集合更多的力量，他认为此时应该和赵国和好。于是，秦王就派使臣出使赵国，对赵王说秦王想在河西外的渑池（Miǎnchí）与赵王把酒言欢。

收到这个消息，赵王心有疑虑，不愿意去渑池相会："秦王没能如愿以偿拿到和氏璧，已经丢了颜面，莫非他想借这个机会羞辱我、报复我？"

对此，大将军廉颇并不赞成，他说："大王，这次相会，若是您不去，我赵国百姓以及天下诸侯就都会认为您软弱、惧怕秦国。我赵国体面则尽失。"

闻此，赵王眉头紧锁："此话不无道理，可是那秦王……"

"还请大王以赵国国体为重！"

其实赵王心里明白，如果不去渑池，不但会丢了颜面，而且会得罪秦王，后果不堪设想。

"众位，谁愿意与我同去啊？"

听闻赵王问话，诸位大臣心里纷纷打上了小盘算："陪大王去渑池，这可不是一件容易的事情。如果秦王真的挑衅、羞辱大王，那陪同前去的臣子就必须要有应对的谋略。"大臣们有的四周张望不断摇头，也有的觉得自己难当此大任，把头埋在胸前。

这时候蔺相如站了出来："大王，臣愿与您同去渑池。"

老将廉颇也上前一步："老臣愿意率兵驻守边境，以防秦军暗中偷袭。"

闻此，诸位大臣都暗自松了一口气，而赵王则点点头，心想也只能如此了。

于是，廉颇送赵王到边境，面对即将赴会的一班人马，廉颇向赵王请求道："大王，此行来往不会超过三十天。三十天之后，若是大王没有如期归来，请允许我立太子为王，以免到时秦国以您来要挟赵国。"

赵王点点头："你考虑长远而周到，实为可行之举。"

说完这话，赵王便带领蔺相如以及随从，前去渑池与秦王相会。

渑池会上，大家饮酒作乐，其乐融融。喝到兴头之时，秦王忽然说：“寡人私下里听说赵王爱好音乐，那就烦请赵王用瑟演奏一曲，如何？”说完这话，秦王的两只眼睛便死死盯着赵王不放。

赵王面露难色。见赵王不回答，秦王突然大笑起来：“哈哈哈……来人，抬瑟来。”

赵王无奈地坐在瑟前，弹奏了一曲。秦王则微眯双眼，摇头晃脑地听，一脸陶醉。随着赵王的琴音，秦王缓缓地睁开眼，抬手说道：“来人，记。”

原来大殿之上，有一个史官，也就是秦国写历史的官员，一直坐在角落里。秦王说出一个“记”字，那记史的官员就马上在竹简上写道：“某年某月某日，秦王与赵王会于渑池，令赵王鼓瑟。”

听到这，赵王脸色刷的一下就红了，眼睛里似乎要喷火，却又没喷出来，反倒是眼泪差点儿喷出来：“这，这件小事要记入史册吗？”

赵王好是后悔。此事如果记入史册，后人就会觉得赵王曾经像秦王的奴仆或者乐伎一样为其服务。赵王为秦王服务，那赵国不就成了秦国的附庸了吗？

见此情景，蔺相如心想：“秦王这是存心要让大王难堪，存心要压制我赵国。看来，今天要是不以其人之道还治其人之身[1]，是不行了。”

于是，蔺相如轻轻地捧起了自己案上的缶（fǒu），然后低着头，弯着腰，毕恭毕敬地向秦王走去。秦王抬眼看了一眼蔺相如：“这是向我敬酒啊！”

可是秦王万万没想到，当蔺相如捧着缶走到距离他五步远的地方，突然停了下来：“赵王私下里听说，秦王擅长秦地音乐，请秦王为赵王击缶，以互相娱乐。”

“荒唐！我大秦一国之君岂能为你们赵王击缶？”

这时，只见蔺相如忽然往前跨步，献上了缶，跪请秦王击缶。

“你，你要干什么？”秦王面露惶恐。

“大王，我与您相距只有五步远，您若不愿击缶，我要把自己脖子里的鲜血溅在您的身上！”

其实，就在蔺相如往前再跨出的一刹那，秦王的侍卫立刻把刀剑都抽出来要杀蔺相如，可是蔺相如怒目圆睁，大声呵斥，所有的人又立刻都停了下来。

秦王愣了一下，就在这一刹那，秦王的脑子飞快地闪过一些场景。他似乎看到了百年之后、千年之后的史书上记录着：在渑池大会上，秦王脑袋上挨了一缶。

秦王说道：“蔺相如，你在我眼前寻死也不是一次了，

---

① 以其人之道还治其人之身：用那个人整治别人的办法反过来整治那个人。

上次要撞柱子，这一次要割脖子。算了，算了，今天，我就当救你一命，击缶就是。”

“谢秦王。”蔺相如把缶稳稳地放在了秦王的案子上。秦王无奈，抄起一根筷子轻轻地在缶上敲了一下：“啪！”就算击缶了。

蔺相如回头看了一眼赵国的文官。

原来赵国史官也跟来了，只见赵国史官拿起笔直接在竹简上写：“某年某月某日，赵王与秦王会于渑池，秦王为赵王击缶。”

这时，秦国的大臣当中突然有一个人站起身来，高声喊道：“请赵王送十五座城池给秦王祝寿。”

蔺相如反应迅速，马上说：“那么也请秦王把都城咸阳送给赵王祝寿。”

蔺相如，不过是赵国的一个大夫，居然有理有据，寸步不让地维护了赵国的利益。就这样，直到酒宴结束，秦王始终也没有羞辱到赵王，更没有在外交上占到任何便宜。同时，他们知道，廉颇带领重兵在赵国边境驻守，又不敢轻举妄动使强。秦王只好作罢，最终还是在渑池与赵国签订了盟约。

渑池之会后，赵王封蔺相如为上卿。

上卿的官位在廉颇之上。这一下，老将廉颇不高兴了，心里很是窝火：“我廉颇乃赵国堂堂的大将军，带兵杀敌，立下汗马功劳。蔺相如虽能说会道，但终究不过是耍点嘴皮子上的功夫，如今他的官位却在我廉颇之上。哎呀，我实在是心有不甘啊！”

廉颇越想越生气，于是放出话来：“我若是遇见蔺相如，一定要好好地羞辱他一番！”

没多久，这话就传到了蔺相如的耳朵里。他不愿与廉颇争功名、夺气势，就尽量避免与廉颇碰面，减少两人相见的机会。

有一次，蔺相如外出，他的车行在街头，远远地看见了廉颇，廉颇也看见了蔺相如。只见廉颇一挥手，马车便风驰电掣般地驶向蔺相如的车队。

见此情形，蔺相如说了一句话：“前面是大将军的车马，我们还是绕道躲开吧。”

车夫听了，掉过马头绕道走了。现在河北的邯郸有一条街巷，名叫回车巷，据说就是当年蔺相如外出躲廉颇的那条街。

慢慢地，大家都觉得蔺相如怕廉颇将军。有一天，蔺相如的门客沉不住气，不解地说：“大人，我们之所以远离亲人，来侍奉、追随大人，那是因为仰慕您的勇气和智慧。可如今，您面对大将军廉颇的挑衅，一味地躲避，大家都说您见了廉颇像是老鼠见了猫一般。普通人听到这种话都会感到羞耻，更何况您还是本朝的上卿！”

蔺相如听后，点点头："我明白了，可我也想问诸位一句话，诸位认为，廉颇将军与秦王，谁更厉害啊？"

"这个……当然是秦王更厉害些了。"

"秦王这样的狠角色，我都敢在朝堂之上威胁他、羞辱他，我又怎么会惧怕廉颇将军呢？但是你们想想，秦国之所以不敢欺负赵国，还不是因为武有廉颇将军，文有我蔺相如吗？如果我和廉颇将军争斗，岂不是给秦国可乘之机。我之所以躲避、忍让廉颇将军，是因为我认为我们应该以国家危难为重，不应该去计较私人恩怨。"

门客们听了这番话，都感到惭愧，感叹道："有蔺相如这样的胸襟，赵国是大有希望的。"

后来，蔺相如的这番话传到了廉颇耳朵里。廉颇顿时觉得非常羞愧："我就为争个位次的高低，而置国家利益于不顾，实在是狭隘啊！"

于是，他脱下战袍，光着上身，背上绑了荆条，到蔺相如府上请罪。为什么要在背上绑荆条呢？据说有两个作用：第一个作用，如果请罪之人背上绑的荆条足够长，高出你的脑袋，给别人磕头的时候，这个荆条点地就会发出"嘟嘟"的声音，显得请罪之人磕头很重，心意很诚。第二个作用，表示请罪的诚意，示意对方如果觉得不解气，就可以从请罪之人的背上抽出荆条来打，随便打，直到消气为止。

就这样，廉颇低着头，跪在蔺相如的门前，悔恨道：

“先前我廉颇以小人之心度君子之腹，为一己私利和名誉把国家利益抛之脑后，而您却如此宽宏大量，我实在是惭愧！今日，老夫向蔺先生请罪了。”

蔺相如见此，一把将廉颇扶了起来：“大将军言重了，大将军言重了！”

他握住廉颇的手腕：“大将军，快到我府上，你我二人把酒言欢！”从此之后，蔺相如和廉颇成了好朋友，一文一武为赵国的安全尽力，一将一相握手言和，“将相和”的故事也成为千古佳话。

说一说

生活中，大家都有犯错的时候，如果你犯了错，你会主动道歉吗？

第39篇

窝头打赢的战争
麦丘之战

赵国战功赫赫的老将军廉颇，给曾经是宦官门客的蔺相如负荆请罪，从此留下了将相和的千古美谈。下面是赵国的另外一位将军赵括的故事。

在尊重史实的基础上，为了更好地为读者讲故事，作者在本篇中做了适当发挥。

春秋战国时的一个秋雨淅沥的清晨，赵国朝堂之上弥漫着令人压抑的气息。

赵惠文王低沉的声音从众朝臣头上传来："区区一座孤城，竟然久攻未破！"

随着"破"字落音，竹简也被摔落在地，这声音如同惊雷一般，在朝臣中炸开了。

大将赵奢说道："大王息怒，麦丘虽是孤城一座，但粮草充足，听闻还有墨家子弟守城。墨家子弟素来擅长防御，实在不容小觑啊！"

"照你这么说，久攻不破还情有可原了？"

"臣……"

"上将军赵奢领命！"

"在！"

"寡人命你挂帅前去攻打麦丘。不管它有谁助阵，都要在一个月内给寡人拿下！"

"诺！"

赵奢领命之后，回到家中，气势却陡然一变，他并没有马上命人准备出征的衣物，而是独坐在自家庭院的石凳上，眼望诏书[①]，愁眉不展。

正当赵奢叹气之时，一个身影突然从眼前晃过，一不留神，手中的诏书就被那身影抢走了。

"大胆"二字还未完全脱口，就见夺书之人靠着假山，对着诏书边看边笑。

"哎呀，括儿，休得胡闹。快将诏书还给为父。"赵奢无奈地喊道。

原来这夺书之人正是赵奢的儿子赵括。别看赵括年少，却精通兵法，常与父亲谈战阵布设之道，有时候连赵奢都

---

① 诏书：国君的命令文告。

难不倒他。原本赵括正打算出门，路经前院，见父亲焦虑不安，便起了玩闹之心，没承想，这诏书上写的竟然是让父亲挂帅攻麦丘一事。

赵括不解："父亲可是为此事烦忧？"

赵奢无奈地点头："众所周知，这麦丘易守难攻，大王给的时间太短，为父担心……唉！"

"那父亲带上儿子如何？"

"你？你虽熟读兵书，善于辩论，甚至赢过我最得意的属下，但战场关乎将士们的生死，甚至国家存亡，需要实战经验，不能空谈。"

"所以才需要上战场，磨砺自己啊。"

看着儿子清澈明亮的眼睛中满是赴战的决心和期待，赵奢不忍拒绝，只好答应，心想就当给儿子一个观摩、学习的机会吧。再说，万一自己在战场上有个三长两短，儿子在身旁也好有个交代。

公元前 280 年，赵奢率领赵国军队在距齐国麦丘城百里之处驻扎了下来，大战一触即发。

七日之后，城外军帐之中，赵军众将领正在商议攻城之策。

"将军，如今将士已经休整完毕，我们是否即日攻城啊？"

"麦丘防御极强，我们需要打开突破口。"

"我们可以将兵力分散，小部分兵力在前佯攻，大部分兵力从后包抄，集中猛打一处。”

赵奢沉吟片刻，微微点头：“也只有这样了，先摸清他们的底细……”

“等等！”

赵奢紧皱眉头，他看着打断自己的人，此人正是赵括。

只见赵括从角落里走出来，略微作揖以示歉意：“启禀将军，属下不建议立即攻城。麦丘城内由墨家子弟把守，他们对防守有特定的套路，我们不掌握他们的规律，也就无法打破僵局，万一不慎，咱们还有可能会掉进他们设计好的圈套里。”

赵奢听罢，摆了摆手，沉声说道：“我意已决，即刻准备攻城！”

战况并不乐观，正如赵括所料，赵军攻城数次，都伤亡惨重。墨家子弟所造的守城器械极为强悍，使得麦丘城坚不可破。

当天夜里，在赵奢的军帐之内，赵括献上一计。

第二天，在赵军关押俘虏的营帐里，几个齐国士兵正落魄地蹲坐在角落。突然，一道光亮投进牢房，有人进来了。来人走近齐国士兵，打开手中的包袱，包袱里是一个个用粗粮做的面团，有点像现在的窝头。齐国士兵直愣愣地盯着那窝头，纷纷吞咽着口水。

来人笑眯眯地看着他们：“吃吧，吃吧，给你们带吃的来了！”

话音一出，齐国士兵瞬间清醒。

其中一个人恶狠狠地说："呸！拿走拿走，我们不吃敌军的食物。"

来人依旧好脾气地看着他："那我明天接着给你们送吃的。"说完，转身离开了。来人正是赵括。

看守牢房的士兵问："公子，您为何给这些齐国俘虏送粮食呢？"

只见赵括狡黠（xiá）地一笑："呵呵，这些俘虏可大有用处！"

接下来的几天，赵括依旧准点儿给齐国的俘虏送窝头。一开始，齐国的俘虏都对他仇视不语，可时间一长，见赵括并无敌意，而且还是个孩子，便开始与他交流了起来。赵括心里淡然一笑："目的达到了。"

而赵军帐内，众将领听闻赵括的谋划后，皆是一愣。

大家沉默了很长时间，终于有将领反应过来，拍着巴掌大笑："哈哈哈……我说小公子啊，您可真是神了。"

"听那些俘虏所言，麦丘的粮食经过长时间的消耗，如今所剩无几了。而且，还被齐国军队把控，老百姓没有粮食，饥肠辘辘，现在已经开始吃草了。照此情形，我们就从百姓入手，赢取民心。"

而此时的齐军，见赵军一连几天都没有动静，就放松了警戒。可就在齐军放松之际，城门外许多麻袋突然如箭雨般被投进城中。

见此状，齐国将士们个个都惊出了一身冷汗：“准备防御，赵军又要攻城了！”

话音一落，众将士便纷纷站定岗位，鼓声、号角声顿时响起，老百姓抱头鼠窜，场面一片混乱。

砰！

一个百姓被砸中后背，他抱着脑袋，失声惨叫：“哎呀，要死了！”

“哎，没死？”

这老百姓哆哆嗦嗦地摸了摸自己的后背，不疼，再看看手心，没血。

接着往地上一瞧，砸中自己的麻袋口散开了，里面有东西滚出来，这不是窝头吗？

掉在地上的麻袋，散落出很多窝头。再看那赵军，扔完麻袋就如同潮水般“哗”地退下去了。

接连几天，一到饭点，赵军的窝头就会通过投石机飞到麦丘城中，扔完了窝头，赵军就迅速撤退。老百姓乐了，齐国军队却蒙了。

有不知情的人问赵括：“哎，小公子，您为什么给麦丘窝头呢？”

只见赵括徐徐答道：“齐军防御力太强了，我们从城外往里打，怎么都打不破，可是，我们要是从里往外撕，没准能撕开，而齐国的百姓就是咱们的突破口。”

开始几天，齐军严密戒备，但看着赵军除了扔窝头，再没有其他动作，就由他们扔。直到齐国的老百姓对赵军的呼声越来越大，齐军这才明白：坏事儿了！赵国往麦丘扔窝头，而在城内，齐军却抢走了所有的粮食，无视百姓死活。此刻，在百姓看来，赵国人比齐国军队还要心疼自己。百姓觉得齐国再守下去，大家得饿死，可如果赵国攻进来，大家有窝头吃，就能生存下去。

紧接着，之前被抓的齐国俘虏也被赵军送回来了。这些俘虏回来之后，逢人就说赵军如何款待他们，如何尊重他们。听到这些消息的老百姓，再看看手中赵军扔过来的窝头，觉得赵军是仁义之师，甚至齐国军队中的部分士兵，也觉得赵军不错。

见此，齐军守城将领大怒，当即下令："没收所有的窝头，送回敌军大营。"

赵括命人收下窝头，齐军以为这件事到此就结束了。没想到，第二天，窝头又从天而降。齐军将领怒气腾腾，直接下了战书，送到赵奢面前："我们来一场决战。"

谁知道，赵奢就回复了四个字：赵奢不战。

从这天起，赵军就不再向齐国城内扔窝头了，饥饿的百姓经过打探才知道，这是齐军从中作梗，不让赵军扔，百姓彻底愤怒了："好啊，你们抢我们老百姓的粮食，不给我们吃的，还阻止别人给我们吃的，这不是要把我们逼死吗？"

于是，老百姓群起反抗，麦丘城内掀起了一场起义。

至于那些墨家军，本来就是齐国军队请来帮忙的，他们没有干预内乱的权力，都是为了减少战乱，保护百姓，才来守城的。现在老百姓都愿意开城了，墨家人就自然不会从中作梗了。

最终，老百姓杀了守城的齐军将领，打开城门，将赵军迎接进了麦丘城。

就这样，久攻不破的麦丘因为赵括投窝头的计策而被彻底瓦解，而赵军，除了最初的那一战，再也没有损兵折将，把伤亡降到了最低。可以说，这是一场用窝头打赢的战争。

说一说

你怎么看待赵军投窝头的行为？如果你是齐军的将领，你会怎么守住麦丘呢？

第40篇

战国第一“战神”
长平之战

赵括从小学习兵法，后被赵孝成王任命为赵国的少年将军。当少年将军遇上真正的战神，而且还是一位骨灰级的战神，将上演一场精彩的决战。结局会怎样呢？

公元前262年，秦王派大将王龁（hé）带兵攻打赵国，与赵国老将军廉颇在长平展开了拉锯战。这场战争，相持了整整三年。

面对这种战况，赵孝成王可急坏了。两国交战，拼的不仅是战斗力，更是国力。而赵国国力原本就不如秦国，这三年来，赵国又遭遇了天灾，粮食也因此歉收了。

为此，赵王也曾向别的诸侯国借过粮食，可这些诸侯国要么惧怕秦国，要么就跟赵国历来有仇怨。何况在春秋战国，粮食本来就紧缺，其他国家还要屯粮来养自己的军队。这种情况下，谁会把珍贵的粮食借给赵国呢？

然而，如果战争再拖延下去，摆在赵国眼前的，可就不仅仅是恐怖的秦兵和自己饥饿的战士了，还有整个国家的彻底崩溃。

为此，赵王不断派人去前线催促廉颇，让他一定要尽快出击，速战速决。可是老将廉颇知道：敌强我弱，秦军有六十万兵马，而赵军只有四十多万兵马。这个时候，绝不是进攻的最佳时机，他要等到秦兵出现疲惫的迹象，再给其以致命一击。

可是，秦军什么时候才能疲惫呢？眼前的情况是秦军个个有饱饭吃，赵军却连口稀粥都喝不上。对此，赵王很是不解，暗自认为廉颇老了，应派一个有血性的将军去代替老将军。

恰巧在这个时候，赵王听到宫里的人都在议论，说：“秦国人根本不怕廉颇，他们怕的是赵括。”

于是，赵王当即下令，派赵括去长平，接替廉颇。这个消息一出，赵括便兴奋不已，心想：秦赵两国已经把举国的兵力派到了长平，这是一场灭国大战，能够指挥这样一场战役，是一个军人的荣幸。

赵括到了长平，便不断派出探子，打听秦兵大营的动静。当他得知秦军粮草短缺，将士怨声载道时，立即下令主动出击，攻打秦军。

赵括带兵，一路势如破竹，眼瞅着就要把秦兵撵到秦国边境了。这时，身边有将士提醒他：“将军，咱们这次过于顺利，会不会有诈啊？”赵括指着退却的秦军说：“哈哈，你多虑了。你看秦军的脚印和旗帜，凌乱不堪，这都是溃逃之象！”

紧接着，赵军便紧追不舍，跟着秦军进了一座山谷。

就在这时，秦军却突然停住了，他们排开了“一”字阵式，高高扬起了秦军大旗。见此，赵括不禁惊出了一身冷汗：“莫非，我是中计了？”

赵括心神未定，就听秦军喊话：“秦将白起在此。”赵括心里咯噔一下：“果真是白起。”

白起是什么人，怎么会让赵括如此恐慌？

原来这位秦国大将白起，是位常胜将军，他用兵如神，平生经历七十多场战役，从未败过。而且，善用围歼战术，战必求歼，死在白起手下的六国将士近百万，人送外号“人屠”。白起目光之深远，行动之果断，手段之毒辣，在当时真是无人能敌。

此时，赵括努力压住胸中涌起的不安：“白起怎么会现在才出现在战场？这大概是秦兵虚张声势。”接着，他转头对将士喊：“秦兵已是强弩之末，大家随我冲。”

话音刚落，赵括便率领士兵，向秦兵发起了猛烈的攻击。不料，这一次，他们面对的秦兵战斗力陡增。赵军接连冲锋了三次，都被秦军给打回来了。赵括这才开始有了不祥的预感。

这时,一个传令兵连滚带爬,从后面奔了过来:“启——启禀赵将军，后面也有秦兵。”

面对战局突如其来的变化，赵括临危不乱：“大家不要慌乱，秦军包围我们，必定人马分散。我们集中兵力，然后向谷口突击，一定能杀出重围。”

说着，赵括传令，前队变后队，后队变前队。他又冲到前方，身先士卒，向谷口冲去。他要带着他的赵国子弟，冲出包围，回到长平。在他的带领下，赵兵呐喊着、冲锋着、突围着，一路狂奔。

突然，一个急停，他们被一条大河拦住了去路。转头看身后，秦军正一个个手持利刃、张牙舞爪地追击而来。

这时，赵军的眼睛齐刷刷地转向了赵括，眼神里流出了迫切的求生欲望。赵括看着浑浊的河水，传下命令：“试水。”

“是！”

有几名赵军搬起了一块大石头,扔到了水里,只听“咚”的一声，石头到底了。

赵括长舒了一口气：“弟兄们，这条河尚浅，蹚过此河，翻过前面那个山头，就是长平了。”

赵军一众人马抬脚迈步，蹚着河水急速前行。眼看着走到了大河中央的时候，忽然，听到了大河的上游发起了隆隆之声。他们再低头看，脚下的水流变得越来越急，河水越来越浑浊。往上游看，一阵滔天巨浪，滚滚而来。此时，马上的赵括眼前一黑、身子一歪，险些栽倒在河里。

“不好，果然是白起。”

原来白起用兵，善用水攻。想当年，白起年轻的时候，水淹楚国郢都。当时的楚军主力完全被白起掘开的汉水击垮，数十万的楚国老百姓活生生地被大水淹没。那情景和眼前的这一幕，甚是相似——河水看着浅，是因为白起有意在上游拦截了水流，只等赵括的兵马蹚到河中央，才下令放水淹赵军。可以说，战局的每一步进展，都在白起的掌握之中。

来不及多想了，赵括大喊了一声：“快走！”说着，纵身一跳，手脚并用地上了岸，迅速向高处跑去。

等他回头一看，数不胜数的赵国将士已经被浑浊的河水裹挟着，没了顶。那些还没来得及下水的士兵，也是被对岸的秦军一通砍杀。此时此刻，赵括又急又恨，却什么话也说不出来，只是不停地用右拳捶打着自己的胸膛。

猛然间，从上游漂下来了一排竹筏。为首的竹筏上，竖起了一面大旗，上面绣着一个字，正是“白”字。等竹筏走近了，赵括瞪大眼睛仔细瞧，大旗之下站着一员上将，小脸盘，尖下巴，眼角上挑，一对眸子黑白分明，手持破天长戟，威风凛凛，杀气腾腾。此人正是白起。

只见白起拔出腰间佩剑，对着岸上的赵括一指："赵括，还不快快投降。"

赵括的牙齿咬得咯咯作响："我赵括顶天立地，甘愿战死沙场，绝不摇尾乞怜！"

说罢，他集合逃到岸上的士兵，向长平方向继续撤退。白起哪里肯就此罢休，只见他长剑一指，秦兵便乘着竹筏，陆续登岸，紧追不舍。

此时的赵兵，已经是残兵败将、溃不成军了。赵括带着一小队残兵攀上了一座山丘。他们在山上修筑壁垒，抵挡秦兵。而白起已经命数十万大军把小山包团团围住。

这一围，就是四十六天，赵括和士兵们坚决不降，粮食吃完了就吃战马，战马吃光了就嚼草根。后来，他们掘地三尺，连草根都找不着了。

眼看着再不突围，就只能是饿死，要不就是吃人了。赵括把将士们召集在一起，对大家说："如今敌人人多势众，而我们势单力薄，贸然突围，只会全军覆没。为今之计，只有我带着少量将士，吸引秦军的注意力，剩下的大部分弟兄，从相反的方向突围，方有一线生机。"

有一位副将扑通一声跪在地上："将军，这等冒险之事，还是由末将来吧！”

“不可！我赵括是全军统帅，这个责任要由我来担。”

“不，将军。鸟无头不飞，人无头不走。您要活着，为死去的弟兄们报仇！”说完，不等赵括反驳，他便起身招呼了一队士兵，打着赵括的旗帜，冲向了秦军的包围圈。

赵括看着将士们离去的背影，淌下了滚滚热泪。

果不出赵括所料，秦兵一看到赵括的旗帜，一窝蜂地拥了上去，围了里三层外三层。于是，围小山的包围圈出现了一缺口。

赵括赶忙换上普通士兵的装束，带着剩下的士兵，从缺口杀了出去，一路狂奔。眼看着，穿过面前的那片树林，长平的城墙就在眼前了。

可万万没想到，迎接赵括的不是长平的守军，而是无数秦军的雕翎箭。

原来，白起早就料到赵括会用声东击西这一招。所以，他在去长平的必经之路上，埋伏了一队弓箭手。赵括等人，连日饥困交加，精疲力竭，就在他们觉得即将到达长平，放缓速度，稍事喘息的时候，突然，无数支雕翎箭，穿林打叶，呼啸而来。

赵括虽然使出了浑身解数，指挥将士们左右抵挡，但毕竟势单力薄，只能眼睁睁看着身旁的将士们一个一个中箭倒下。就在这个时候，一支纤细的四棱箭，迎面飞来，疾如闪电。

“啊！”赵括应声倒地。这箭正中赵括的前心。他躺在地上，使劲地抬了抬脖子，看了一眼这支雕翎，正是白起所用的轻弩所射。在雕翎箭的箭杆上刻着一个“白”字。

“白起，真乃战神也！”说完，赵括闭上了眼睛，停止了呼吸。

后来，人们谈起长平之战，都是唏嘘不已。这一场恶战，赵军四十万将士，全军覆没。赵括这一战，不但没有名扬天下，反而遗臭万年。甚至有人发明了一个成语用来评价赵括，叫“纸上谈兵”，说赵括不过是读了几本兵书，就高谈阔论，根本就不懂实战，真正带兵打仗，必输无疑。

其实，赵括是真想打赢这场战争，但真的是太难了。首先，赵、秦两国国力悬殊，举国之战，拼的不只是战斗力，还有国力。赵国没粮食，秦国有粮食，那打仗的心态就不一样。秦国可以耗到你弹尽粮绝，而赵国，却必须在弹尽粮绝之前去进攻，才能获胜。可是，敌强我弱，进攻，必定是自投罗网。

其次，赵括毕竟年轻，而白起实在老辣，一个实战经验不多的小将军去挑战战功赫赫的老将军，实在不容易。长平之战，赵括给赵国带来了灭顶之灾，按理赵家定会被株连，但是历史上赵家却并未因此受到株连，这又是为什么呢？

原来这全是因为赵括奉赵王之命赴长平指挥作战之前，赵括的母亲和赵王的一番对话：

“请大王收回成命。”

“身为母亲担心儿子的安危，寡人理解。可是，这场战争关乎赵国的存亡，非赵括将军出马不可。”

“大王您误会了，老身不只是担心括儿一人的性命，更怕他坑害我赵国四十万的子弟兵啊！”

“这……夫人此言差矣。这天下怎会有如此看轻自己儿子的母亲？你看轻你的儿子，但不能看轻我赵国的上将军！”

“大王有所不知，括儿从小学习兵法，论战谈略，确实出众，他父亲赵奢，并不认为他能带军打仗。当初他父亲，一当上将军，就不再过问家事，对上恭敬，对下体恤。大王赏赐的财物，他全都分给下级的将士，凝聚起众将士的心。现在括儿做了将军，可他手下的将士没有一个人敢抬头睁眼看他的。大王赏赐给他的金帛，他都带回家收藏起来，而且天天派人访查哪儿有合适的田地房产，他可买就买下来。父子二人的心不一样，括儿实难担当大任！”

“这天下千人千面，成大事者岂能都是一个样子。夫人这是妇人之见，寡人心意已决，多说无益。”

“事到如今，老身只有一个请求。请大王定要恩准！”

“哦？夫人请说。”

“若日后，括儿真的败于长平，我马服君①一家能够不受株连吗？”

“这……好吧！寡人准了。”

这真是知子莫若母，如果没有这一番对话，以赵括的失败给赵国带来的损失，恐怕马服君一家，人人都别想活命了。

说一说

你觉得赵括真的只是纸上谈兵吗？赵括战败的原因有哪些？白起的厉害之处又体现在哪儿呢？

---

① 马服君：赵奢的封爵。

第41篇

智慧的王后：别跟我玩套路

齐襄王后智破连环

田单用火牛阵大败五国联军，复兴了齐国。从那以后，齐国便越来越强大。没过多久，就成了具有能够跟秦国抗衡能力的东方大国。

一天清晨，齐国满朝文武都聚集在君王后的寝宫外。年轻的齐王则眉头紧锁，一脸愁容，背着手正来回踱步。

这时，一位宫女从寝宫中快步走出："启禀大王，太后昨晚彻夜未眠，黎明时刚刚睡下，现在尚未醒来。"

齐王有些着急，他一把抓住宫女的胳膊，问道："母后临睡前，可说过什么？"

宫女惊慌失措，只是摇头。

齐王松开手，仰天长叹一声：“齐国危矣！”

这到底是怎么回事啊？

原来就在三天前，齐王接到了秦昭襄王的一封书信，信中附带了一副玉连环。玉连环就是两个衔在一起的圆形玉环，这两个玉环形状一样，大小一样，雕饰的花纹也是一样的。

秦王书信大概的意思是：“寡人近日得到一副玉连环，不知道如何解开，久仰齐国人才辈出，定能帮寡人解开难题，三日后我国使臣途经贵国，希望能顺便带回解开的玉连环。”

这看起来是个玩乐之事，但是，却暗含着两国争锋的深意。如若齐国君臣连个小小的玉连环都解不开，传出去，不仅会遭到列国的耻笑，还会因此给世人留下才穷国弱的印象。

收到来信的第一时间，年轻的齐王便召集百官商议这玉环的破解之法。

可是，这两个玉环晶莹剔透，隐隐生光，浑然一体。众人找遍了玉环的每一个细微之处，都没有发现丝毫缝隙。显然，这两只玉环本是一块玉石雕琢而成的。它们自雕琢成的那一刻，应该就从来没有分开过，这样的巧夺天工，实在是让人叹为观止[①]啊！然而，本是一块石头，又如何能够分开它们呢？

这件事惊动了君王后，也就是齐王的母亲。她把玉连环要了去，说到时候会有办法。

一转眼三天过去了。现在，秦国的使臣已经站在宫外了，而君王后却沉睡未醒，想必她也没有想出办法，难道这次真的要向秦国认输了不成？

就在齐王绝望的时候，宰相后胜走了过来，说："大王，请看！"

齐王转头望去，只见后胜手里拿着一副玉连环，他大吃了一惊："这，这玉连环不是在太后那儿吗，怎么到了你的手里？"

"哈哈哈……大王，您仔细看。"

齐王翻来覆去看了半天，也没有看出问题来。于是，后胜便把玉连环对准了初升的朝阳，齐王这才发现，其中一个玉环上有一个接口。

"啊，这，这是假的？"

"嗯，是臣让宫中的玉匠连夜仿制的。玉连环乃是秦王之物，这使臣未必懂得辨识，想必他看不出真假。"

---

① 叹为观止：叹，赞叹；观止，看到这里就停止，不再看别的了；赞美所看到的事物好到了极点。

闻此，齐王脸上露出了笑容：“嗯，有理。事到如今，也只能如此了。”

于是，齐王便带着文武百官，离开君王后的寝宫，到了宫外，把秦国使臣接进了王宫，大摆宴席。其间，觥筹交错，宴席上的人表面看起来欢声笑语、酣畅淋漓。实际上，却都在盘算着玉连环的事。

酒过三巡，菜过五味，秦国使臣放下酒杯，双眼紧盯齐王，问道：“不知大王是否收到了我王的玉连环？”

“寡人已经收到。”

“不知大王可有将它解开？”

“这太容易了。”齐王命宫人呈上仿制的玉连环，找准接口，轻轻一拉，就把玉连环给解开了。

齐王得意地望向使臣，说：“这种雕虫小技，是难不倒寡人的。”

使臣连连鼓掌：“哈哈哈……大王果然高明，令臣大开眼界！不知大王能否再为臣演示一下。”说着，秦国使臣居然从袖中又拿出了一个崭新的玉连环。

齐王一阵慌乱，忙说：“这……这没有必要了吧。”

“哈哈……这两副玉连环乃是一对，一雌一雄，既然大王能解开雌环，也一定能解得开这雄环。”

见此状，齐王头上顿时冒出了冷汗，他把目光转向了后胜，可是后胜此时却深深地把头颅埋下了，不再吭声。

其他大臣也都面面相觑，不知该如何为齐王解困。

此时，秦国使臣却继续咄咄逼人："如果大王解不开这雄环，那就说明雌环是假的。堂堂一国之君，竟然做出此等欺世盗名之事，我王看错了齐王，天下人看错了齐国。"

齐王被说得哑口无言，望向两旁的大臣。众大臣都低下头，一言不发。这大殿里的气氛一下子紧张到了极点。

就在这个时候，大殿外传来了一个女子的声音："贵客驾到，为何不说与哀家知道。"

随着说话声音的落下，只见一个端庄典雅的女人在众宫女的簇拥下，走进了大殿。这女人中等身材，头戴凤冠，身披一件拖地长袍，上面用金丝绣着朵朵祥云；脸庞棱角分明，一双晶亮的眸子明净清澈，眉宇之间流露出一股高贵之气。

见到来人，众大臣一齐跪倒，齐呼："参见太后。"

原来此人正是齐王的母亲——君王后。前一天晚上，她研究玉连环，一宿没睡，天蒙蒙亮的时候才眯了一会儿，没想到这一眯，就眯到了日上三竿。她醒来后就急忙穿戴整齐，匆匆赶到了大殿。

君王后缓步走到秦国使臣面前，轻描淡写地说："我们大王想知道您是否真的认识玉连环，刚才只不过跟您开了个玩笑，您又何必当真呢？”

使臣闻此，一阵冷笑：“呵呵……久闻齐国君王后智慧过人，今日一见，果然名不虚传。不知真的玉连环，现在何处？”

这时，君王后不慌不忙地伸出手来，她身后的宫女见状，赶忙把玉连环放入君王后的手中。接到玉连环，君王后缓缓地对来使说：“玉连环在此，尊使不信，可仔细查验。”

“臣哪敢怀疑，请问贵国上下，可有人能解开此环？”

“哀家不才，愿意一试。”

此言一出，齐王和文武百官全都精神一振，他们把目光都聚集在了君王后手中的玉连环上。

君王后微微一笑，说道：“尊使请看。”

说着，她手一松，啪嚓一声玉连环掉在地上，摔成了两半。

见到这个情景，大殿上的人都惊呆了。

他们诧异地看着君王后，心想：您这是要干什么？您难道不怕得罪秦使？得罪秦使就是得罪秦王，得罪秦王就是得罪秦国，得罪秦国就是得罪几十万的秦军啊。您怕是要挑起两国的战争了。

秦国使臣也没想到，君王后竟然摔碎了玉环，只见这使臣眉毛一挑，问道：“君王后，您这是何意？”

“秦王不是想解开这玉连环吗？现在已经做到了啊！”

“可这……”使臣哑口无言。

齐王明白了君王后的用意：秦王并没有说分开之后，玉连环必须保持完整，摔碎了，不也是解开了吗？解开了，这道题就有答案了。

想到这里，齐王立刻喜形于色，高兴地说：“母后说的没错，秦王的难题，我们已经解决了。如果尊使还想解开雄环，寡人愿意代劳。”

“这……没想到你们竟然如此儿戏，藐视我秦国！”

君王后眉毛一立，厉声说道：“儿戏？在我齐国的尊严面前，从来没有儿戏二字。玉连环是秦王送来请求我们解开的，我们出于两国邦交之谊，才出手解环。你作为秦国使臣，非但不感谢，还口出狂言，说我们藐视秦国，本宫倒是觉得是你藐视我齐国。”

一时间，齐国大殿之上群情激昂，众人纷纷指责秦使。而秦使自知理亏，只得带着摔碎的玉连环，灰溜溜地离开齐国，回秦国复命去了。

秦国大殿之上，秦昭襄王听完使臣的讲述，感慨道：“君王后果然聪慧啊！这是要告诉寡人，他齐国，宁为玉碎，不为瓦全。”

不知是不是巧合，君王后活着的时候，秦国一直没有攻打齐国。但是历史的车轮滚滚而来，终究不是一个后宫女子能够阻拦的。最终，秦国灭了其他五国之后，还是把齐国也给灭了。

说一说

怎么样？是不是觉得脑筋急转弯也很有用处？你有哪些机智的故事？和小伙伴们分享一下吧。

第42篇

大王，您有病

扁鹊见蔡桓公

中国历史上有几位医术高超、技艺精湛的名医，如战国时期的扁鹊，东汉的医圣张仲景、神医华佗、唐朝的药王孙思邈，还有明朝的李时珍。今天的这个故事是关于战国时齐国的名医扁鹊的。《史记·扁鹊仓公列传》中记叙了扁鹊的事迹，但故事多半来自民间传说，可我们也能从这些故事里知道，两千年前的医生是怎么治病救人的。

一天傍晚，蔡桓公带着几个亲信随从和一队卫兵，打完猎，正要回宫。

这时候，山间小路上走来了一个人，这个人生得相貌清癯（qú），仙风道骨，三绺（liǔ）长髯飘洒胸前，一副怡然自得、飘飘似神仙的样子。

此人远远看到蔡桓公，突然脸色大变，快步走到桓公的面前，眼睛直勾勾地盯着他，上下不停地打量。

两旁的随从急忙上前，拦住此人，喝道："大胆刁民，不得对大王无礼！"

此人一听面前的是"大王"，脱口而出："大王，您有病。"

这句话一出口，当场的人都惊呆了，心想："我们大王可是个暴脾气，此人好大的胆子，居然敢说大王有病，不怕大王生气，砍了你的脑袋。"

蔡桓公果然勃然大怒："竟敢诅咒寡人。来人啊，把他拉下去，杖责四十。"

"遵命！"随从们一拥而上，把此人拖了下去。

刚要行刑，忽然有人高喊："不要打。"

蔡桓公脸色一沉："怎么，难道你也觉得寡人有病？"

"臣不敢，大王，臣认得此人，他被人们称为扁鹊。"

"扁鹊"，是上古神话中黄帝时期的神医，后来人们就把那些医术高超、医德高尚的医生统称为扁鹊。

蔡桓公心里犯嘀咕："难道寡人真的有病？"

想到这里，桓公脸色缓和了一些，对随从们说："把他带回来。"

"是。"

于是，扁鹊就又站到了蔡桓公的面前。

“你倒说说看，寡人哪里有病？”

扁鹊再次观察了蔡桓公良久，缓缓问道：“大王近来可是感觉到浑身无力，胸闷气短？”

蔡桓公听后，一脸不屑，不耐烦地说：“这种情况每个人都会有，想来是因为近日天气闷热所致。”

“大王，非也，非也。您已患了疾病，所幸现在只是小病，病在皮肤表面上，稍加治疗，沐浴时添加几味草药，即可痊愈。”

蔡桓公看着扁鹊一本正经的样子，忍不住笑了起来：“你这个人还挺能编瞎话。寡人与你见面不到一炷香的时间，话也没有说上几句，你凭什么断言寡人有病？”

“草民断症，遵循望色、听声、写影、切脉四种方法。”

扁鹊所说的，就是流传至今的中医四诊法——望、闻、问、切，也就是看脸色、听声音、问病症、诊脉象。而扁鹊最擅长的，就是通过观察病人的脸色，来判断病症以及病情的演变。

可是，蔡桓公根本不相信扁鹊所说的话。扁鹊也看出了桓公的不信任，便说：“大王，您如果不信，就以十日为期，十日之后，草民再来拜见大王。”

说完这话，扁鹊便转身离开了。

随从见扁鹊走远，凑了过来：“大王，臣这就过去问问扁鹊先生，请他开一剂良方，臣为您准备草药。”

“不必理会，说什么病在皮肤，简直是无稽之谈！”

蔡桓公根本没把这当回事，以为扁鹊只是随口说说。不料十天之后，扁鹊却真的来了。

见到扁鹊，蔡桓公心想：“来得正好，说寡人有病，寡人这不是还好好的吗，寡人倒要看你这回还有什么话说？”

蔡桓公把扁鹊召到大殿之上，还没说话，扁鹊却突然脸色大变，只见他快步走到蔡桓公跟前说道：“大王，您现在疾病已经深入肌肤，再不医治，后果不堪设想！”

不等蔡桓公开口，扁鹊就赶紧打开药箱，拿出了竹简和刻刀。他就地开了药方，并叮嘱了施针、用药的种种细节。其间，蔡桓公几次要开口打断扁鹊的话，却都被扁鹊焦急的神情给挡了回去。就这样，扁鹊絮絮叨叨地说了整整一个上午。

交代完一切，扁鹊才踏踏实实地收起药囊，离开了王宫，临走前还说：“请大王安心用药，草民十天之后再来复诊。”

蔡桓公却心想：“寡人说不过你，躲着你总行吧。”于是，到了第十天，不等扁鹊进宫，桓公一大早就先出了城。没想到，刚出城门，蔡桓公就听到后面有人高喊：“大王留步！”原来是扁鹊大夫追了出来。

眼见着，扁鹊一路小跑，来到马车跟前。他都没有细看，只是打眼一瞧蔡桓公，就急得直跺脚：“哎呀！大王，你为何不听草民之言，按时针灸、服药啊？现在疾病已经深入脏腑，再不医治的话，只怕是回天无力了。”

蔡桓公听扁鹊越说越过分，他一口气冲上胸口，怒火冲天地说：“够了，扁鹊，你老实告诉寡人，你是想求财，还是想求官？”

“大王何出此言？”

“你与寡人三次见面，不足月余，寡人至今并未感到身体不适，可你却一次比一次危言耸听。若无所图，你意欲何为？”

这番话把扁鹊说傻了，他不再解释，留下药方之后，默默地转身离去。

又过了十天，蔡桓公出宫游玩之时，远远看到扁鹊先生。蔡桓公皱起了眉头，心想：“此人真是不见棺材不落泪。这一次，寡人要好好惩戒他一番。”

他刚想下令抓人，只见扁鹊却转过身去，飞快地跑了。

“哈哈……你们看看，那个叫扁鹊的神医真是徒有虚名，医术不过尔尔，知道骗不了寡人，也就灰溜溜地逃走了。”

蔡桓公笑到半截，忽然不笑了，他的脸色凝滞，眼神当中露出了一丝怀疑、一丝惊恐。然后，他就仰身倒地了。蔡桓公这一倒下去，竟再也没有站起来。他全身上下自此失去了知觉，召来医官诊治，医官也看不出个所以然。而这个时候，他才想起了扁鹊对他说的话，悔恨不已，就派人赶忙去找扁鹊。而此时的扁鹊早就已经离开了齐国，他临走前给蔡桓公留下了一封信，信上说：“大王，您的病已经深入骨髓，无药可救，草民害怕受到牵累，现在只好离开齐国，望大王珍重。”蔡桓公追悔莫及，可此时此刻，他病得连个“悔”字都说不出口。没过多久，蔡桓公就一命呜呼了。

后来有一个成语叫“讳疾忌医”，说的就是这个故事。意思是说隐瞒疾病，不愿意医治。也比喻掩饰缺点、错误，不愿改正。

说一说

读了蔡桓公和扁鹊的故事，如果你是扁鹊，你会用什么方式来告诉蔡桓公他的病情呢？你有过讳疾忌医的经历吗？

第43篇

顶级赞助商：我出钱，你为王
吕不韦传奇

战国时期有个在商业、政治上都很厉害的人。他叫吕不韦。

这一天，夜幕降临，一辆镶金嵌玉的豪华马车正飞快地奔向赵国的都城邯郸。马车里坐着一个人，他身着素色麻布长袍，脚踩寻常百姓的布履，长发整齐地束起，搭在背后，通体周正平和。猛一看，不怎么引人注目，但是仔细瞧，却气度不凡。

这个人，就是当时著名的卫国商人吕不韦，他这次来赵国，是来参加四大公子之一平原君的宴会的。

在战国时期，有四大公子，除了赵国的平原君赵胜，还有魏国的信陵君魏无忌、楚国的春申君黄歇和齐国的孟尝君田文。在战国时期，各诸侯国的贵族为了对付秦国的入侵，挽救本国的危亡，也为了扩张自己的势力，都竭力网罗天下英才。这些有才华的人都住在各国贵族们的府里，被称为“门客”。而这四位公子因为礼贤下士、广收门客，在当时尤为有名。

再说这吕不韦，马车刚到邯郸城下，他就发现守城的士兵已经把门关了。按照赵国当时的规定：入夜之后，闲杂人等一概不准随便进出城了。

吕不韦拿出请柬给卫兵看：“这是平原君邀请我来赴宴，烦请您通融一下，开开城门吧。”

这守城士兵趾高气扬，根本不把吕不韦放在眼里，不耐烦地说：“每天来拜访我们平原君的人可多了，没有一千，也有八百，谁知道你是哪位啊，明天再来吧。”

这时，又有一辆极为普通的马车来到了城下，车上走下一个穿着略显寒酸的中年人，此人是赵国落魄的贵族公子谦。

公子谦对卫兵说：“本公子要进城参加平原君的宴会，快些打开城门！”这士兵二话没说，立马就把城门打开了。

这个时候，公子谦也瞧见了身边的吕不韦，偶遇故人，这公子谦略显意外，忙上前打招呼：“吕先生，您怎么也在这儿啊？”

士兵见公子谦对吕不韦很客气，立马变了一副嘴脸，也对吕不韦毕恭毕敬起来，把他们双双迎进了城门。

吕不韦和公子谦一起，来到了平原君的府邸。

府邸里的座位是按照宾客身份的尊卑排列的。吕不韦，那绝对是战国时代的大商人，他虽然富可敌国，可身份却是一介平民，于是，他便被安排在了公子谦的下首。

酒宴虽然丰盛，吕不韦心里却不是滋味。

要知道，吕不韦年纪轻轻，就凭借着自己卓越的商业头脑，积累起了千金家产。可是在那个等级森严的社会，士农工商，地位最高的是士族，其次是农民，再其次是手工业者，地位最低的就是商人。商人虽然很富有，但是连那个看门的士兵都瞧不起他。吕不韦深深地知道，自己的财富越来越多，觊觎他财富的人，也是越来越多，自己因为这些财富而名扬天下，但也有可能，瞬间因为这些财富而家破人亡。

那如何能够保护自己的财富呢？如何能让自己更有安全感，在这个乱世当中叱咤风云呢？吕不韦心里早就有了一个自己的答案，那就是：权力。只有拥有了权力，再加上自己的财富，才能让吕氏一族在这乱世之中，屹立不倒。

看着酒宴之上的权贵们，吕不韦羡慕地想："我什么时候才可以成为他们？"

就在这时，他的目光落在了对面坐着的一个相貌俊俏的年轻人身上，这个人衣衫破旧不堪。这样的穿戴居然出现在平原君的宴席上，那真是格格不入。这个人对旁人根本不理，似乎旁人也不愿意理他。他只是低着头，狼吞虎咽地吃着桌上的饭菜，似乎这样的珍馐美味已经好久不曾入口了。

吕不韦顿时生起了好奇心，他问坐在他上首的公子谦：“公子，对面那人是什么人呢？”

“他呀，他是秦国留在赵国的质子，是个人质，名叫嬴异人。听说他是秦昭襄王的孙子，因为是庶出的，在秦国不得宠，就被派到赵国当人质来了。”

“他是秦国的公子？那怎么饿成这样？”

“还不是因为秦国正跟咱们打仗吗？大王就取消了他的贵族待遇。他现在用不起车马，雇不起随从，就连吃饭都成问题了。你看看他那样子，估计今天他是来混饭吃的。说起来也真可怜，要是他在秦国，就算当不上太子，好歹也是个公子，锦衣玉食，富贵在身。造化弄人啊。”

听到这些话，吕不韦不禁眼前一亮，他目不转睛地盯着嬴异人，就像发现了一件价值连城的宝物似的，他不禁自言自语道：“此奇货可居也。”

旁边公子谦没听明白，问道：“你说什么可居？”

“啊哈哈……没什么，没什么。”

奇货可居，吕不韦已经把嬴异人当成了一件珍奇的货物了。而且他还想把这货物先贮藏起来，等货物涨价的时候，再卖一个大价钱。

吕不韦回到家中，对他的父亲说起了这桩生意：“父亲大人，您觉得种地能获多少利益呀？”

他父亲想了想，说：“大概十倍吧！”

“那贩运珠宝呢？”

“百倍。”

“把一个失意之人扶植成国君，又会怎样？”

“那——那就无法计算了。不过一旦失败，就会倾家荡产。你可想清楚了。”

吕不韦在商场滚打多年，“风险越大，回报也就越大”这个道理他是十分清楚的。深思熟虑之后，他决定孤注一掷，这一次不成功，则成仁。

于是，吕不韦开始了行动。他先花重金，打听秦国宫廷近十年来发生的所有事情。然后，根据所获得的情报，吕不韦做出了判断——把嬴异人扶上国君的宝座，虽然困难重重，但是，还是有可能的。

想清楚之后，他便登门拜访嬴异人："在下吕不韦，愿帮公子光大门庭。"

嬴异人上上下下打量着来人，他觉得这个人很眼熟，似乎在哪里见过，却一时想不起，突然他灵光一现，终于认了出来：噢，这不就是平原君宴会上的那个商人嘛。

想到这，嬴异人一脸不屑地说："哈哈……阁下还是先光大了自己的门庭，再来关照我吧。"

"只有光大了公子的门庭，在下的门庭才能光大啊！"

"阁下真会开玩笑，我现在连顿饱饭都吃不上，怎么能帮你光大门庭呢？"

吕不韦闻此后，郑重其事地说："在下愿散尽家财，助公子为王。"

听到吕不韦这番话，嬴异人大惊失色，他赶忙把门窗全部关紧，小心翼翼地说："哎呀，这种话不能乱说，被人听到，我可就活不下去了。"

这时，吕不韦死死地盯着嬴异人的眼睛，说："秦赵两国连年交战，赵国连吃败仗。公子，你不怕哪天赵王发起火来，杀你泄愤吗？”

听到这些，嬴异人往榻上一坐，显得浑身无力，无奈地说：“这是早晚的事啊。自从入邯郸为质，我就知道，自己离死不远了。我不过是具行尸走肉。死，还是活，没多大分别。”

吕不韦轻轻拍了拍嬴异人的肩膀，耐心地说：“公子无须说丧气话，其实公子还是可以绝地反击的。据在下所知，您的父亲秦国太子安国君，最宠爱的妃子华阳夫人没有儿子。如果她能收您做养子，日后，您就是秦国的太子。”

“太子”二字一出口，嬴异人猛地抬起眼睛，眼睛里闪过一道异样的光芒。自从被送来赵国当人质，嬴异人受尽了凌辱，每当秦赵开战，他就胆战心惊。尤其是秦将白起坑杀了赵国四十万降兵以后，赵国君民把怨气全都撒在他的身上了。他每天都像是一个“活死人”，生活在极度恐惧之中。恐惧到了极致，人也就麻木了。活着还是死了，就没有半点区别了。

其实，每一分，每一秒，嬴异人都在等待着死亡的降临。而这个时候，吕不韦不但说他能够离开赵国，逃出这是非之地，还可以成为太子。成为太子就有希望成为秦王，那他就有可能成为当时最有权力的人。但是，这一切真的可能吗？而细想想，吕不韦刚才说的那番话也不是没有道理，可能性还是有的。

此时，站在嬴异人面前的这个商人，用自己坚定的目光，在嬴异人的心中点燃了一颗火种。这火种迅速燃成燎原之势。

嬴异人觉得他的心里从来没有存在过如此之大的能量——这股烈火"呼呼"地在他胸中燃烧着，火光之中，隐隐地出现了那张王座。

"这……吕先生，如何才能做到？"

"在下愿拿出全部身家，促成此事。"

这个时候的嬴异人就像是一个溺水之人，突然抓住了一根稻草，他扑通一声跪在吕不韦面前："如果此事能成，我定将与先生共享大秦。"

就这样，两个素昧平生的人，就在这一刻，找到了共同的目标，并且坚定地走在了一起。

此后，吕不韦便一步一步地实施着他的计划。

他先给了嬴异人五百金[①]，作为日常生活的开销；接着，又花了五百金购置了大量稀世珍宝，带着这些珍宝去秦国游说。他打通了关系，得以拜见华阳夫人，把所带的宝贝都送给了华阳夫人。吕不韦说起在赵国的嬴异人，说嬴异人聪明贤能，结交的诸侯宾客遍及天下；还说嬴异人日夜思念夫人和安国君；还旁敲侧击地提醒华阳夫人，您的美貌不能长久，您得收养一个儿子，如果您收养的儿子继承了王位，您才能找到最终的稳定靠山。

华阳夫人很快就被彻底说服了，于是她就转过头来劝说太子安国君，让他一定要立嬴异人为继承人，以便日后她能有个依靠。

第一步计划进行得很顺利，但是吕不韦对嬴异人不放心，怕他对自己有异心。于是，吕不韦又把自己最宠爱的歌

① 金：先秦以黄金二十两为一金。

姬赵姬送给了嬴异人。这样，嬴异人每天的一举一动，赵姬都会如实地向吕不韦汇报。

最后一步计划，也是最难做到的，就是把嬴异人带回秦国。

公元前 257 年，秦国再次攻打赵国，这一次包围了邯郸城，情况非常紧急。赵王想杀死嬴异人以泄愤。吕不韦得到消息之后，立刻拿出六百金，全部送给了守城的官吏，带着嬴异人成功脱逃，逃到了秦军大营，顺利返回了秦国。

吕不韦带着嬴异人回到秦国，让他穿着楚国的服装面见华阳夫人。华阳夫人本来也是楚国人。吕不韦是要华阳夫人明白，嬴异人这是要告诉她：我来到您的面前，我就是您的儿子，您是哪国人，我就是哪国人了。果然，华阳夫人为此大为感动，很快就正式收嬴异人为义子，并且给他改了一个名字，叫作子楚。子楚就是《史记》里记载的他的名字。

公元前 251 年，秦昭襄王去世，太子安国君继位为王，这就是秦孝文王，异人被正式立为太子。一年之后，秦孝文王也去世了，异人即位，这就是历史上的秦庄襄王。

秦庄襄王继位之后，兑现了当初的承诺，任命吕不韦为相，封他为文信侯。

至此，吕不韦通过自己的眼光和魄力，终于成为当时最大国家的相国，他终于登上了自己的人生巅峰。

说一说

假如你是人质嬴异人，你会怎样逃回秦国？说说你的想法。

第44篇

这个杀手不太冷

荆轲刺秦

富商吕不韦凭借财力，辅佐秦庄襄王继承王位，这位秦庄襄王就是日后统一六国的秦始皇嬴政的父亲。

说到嬴政，不免要提及一个有名的刺客，就是历史上赫赫有名的荆轲。而他刺杀的人，就是日后的千古一帝、当时的秦王嬴政。

公元前227年，燕国王宫里，燕王、燕太子丹和一众大臣，满面阴沉，眉头紧皱，还不时地往门外张望，一副坐立不安的模样。他们似乎在等待着什么。

齐襄王后智破连环

荆轲刺秦

忽然，听得门外传来一阵“嗵嗵嗵”的脚步声，一个士兵跑上大殿，说道：

“禀大王，秦国大将王翦刚刚率军攻破邯郸，几十万大军占据赵国东部，赵王已被擒获。”

燕王听了，一脸惊恐地说：“啊……秦军还是攻破了赵国，燕、赵相邻，我燕地南方边境危矣！”

原来，燕国君臣是为了秦、赵两军的战况而焦虑，眼看着韩国、赵国相继沦陷，秦军已经抵达了燕国的边境。

这时，一位燕国的老臣说：“秦军乃虎狼之师，装备精良，训练有素，仅凭我一国，调动全国力量也不能抵挡秦军。现在，韩、赵相继亡国，为今之计，只有向西与魏国结盟，向南联络齐、楚二国，向北与匈奴交好，联合起来才能想办法对付秦国。”

太子丹说：“怕是我们的使者尚未出发，秦军已经兵临城下，远不救急啊！况且，现在诸侯国一定都畏惧秦军，试问，谁敢提倡联合抗秦？我燕国此时若是举起手来，又有哪个国家敢把手伸出来。”

“那……太子有何良策呀？”

“我认为，寻一位勇士，派往秦国，以重利诱惑秦王，秦王贪婪，或许能达成我们的愿望。如果诱惑不成，我们就劫持秦王，让他全部归还已经侵占各国的土地，那也不失为一种选择。实在不行，就趁势杀了他。秦国大将在外征战，国君一死，主少国疑，政局动荡，趁此机会，东方各国得以联合起来，一定能打败秦国。”

“啊，刺杀秦王？这……暗杀行刺之事，恐怕不光彩吧。”

“光彩不光彩，先放在一边，万一失手，岂不遭秦王记恨，弄巧成拙矣。”

太子丹走出王宫，大臣们七嘴八舌地议论，让他心烦意乱。他知道，议论不出所以然，而燕王也一时难以做出决策。太子丹却心中越来越有了主意，准确地说，这个主意，他已经酝酿了很长时间。此时，时机已到，他决定放手一搏。

他告诉车夫，不回府，径直赶往一家客舍。

他找的人是一位喜好读书、擅长剑术的江湖侠士，此人叫荆轲。

两人见面，太子丹直奔正题：“今日秦军已攻破赵国的都城，赵国领土尽数归入秦国的版图。用不了几日，秦军就会横渡易水，直捣燕国。秦军暴虐，能扭转乾坤的只有上卿您了。”

荆轲点点头，似乎这一切都在他意料之中，他说：“太子不说，我也请求刺秦。只是，要接近秦王，我需要两样东西。”

“快快说来！哪两样？”

“第一，燕国南部——督亢地区的地图；第二，樊於（wū）期将军的人头。”

“秦军已经陈兵燕国南部，就是不给他这地图，督亢一地也未必能守得住。只是，只是樊将军……樊将军得罪了秦王，穷途末路才来投奔于我，我总不能因为迫于强暴而抛弃我的朋友啊。”

荆轲点点头，答道：“那太子只需为我准备督亢地图即可。樊将军的事，我来办。”

第二天，荆轲私下去拜见了樊於期。

“樊将军，秦王杀了将军的父母，灭了将军一族，此仇不报，义愤难平。如今，荆轲愿意为将军、为燕国刺杀秦王。只是，亲近秦王需要诱饵，若能带将军首级，必能成事，不知将军是否愿意成全？”

樊於期听荆轲说到这里，沉默半晌，他忽然站起身来郑重地向荆轲一揖，说道：“承蒙太子收留，樊某才保住了性命。如今燕国大敌当前，我自当竭诚以报太子之恩。再者，刺秦一事，绝无可能全身而退，荆轲兄为我樊於期报仇而慷慨赴死，我樊於期怎会不舍这项上的头颅。荆轲兄，我的命就交给你了。”

说罢，樊於期毫不犹豫地拔出宝剑，往肩头一横，自刎身亡。

两件东西都已经到手，太子丹又给荆轲准备了第三件东西——他花了百金，为荆轲买下了一把天下最锋利的匕首，还让工匠用百种毒药淬炼它。人哪怕是被这把匕首碰破一点皮肤，都得立刻毙命。

除此之外，太子丹还为荆轲挑选了一位得力的助手，这是一位燕国老将军的后人、勇士——秦舞阳[①]。

一切准备妥当，荆轲该上路了。

---

① 秦舞阳：也作秦武阳，燕国贤将秦开之孙，年少时就犯下杀人案，后被燕太子丹收留。

这一天，朔风凛冽，阴云卷地。太子丹和他的门客，都穿着白衣、戴着白帽到易水河畔为荆轲送行，北风吹鼓起众人的长衫。寒风中，和着朋友击筑的节拍，荆轲大声吟唱："风萧萧兮易水寒，壮士一去兮不复还。"

唱罢，荆轲便带着秦舞阳，登上马车，飞驰而去。

一进咸阳城，荆轲顿时收起了自己的英雄气概，他用千金贿赂了秦王的宠臣，一脸谄媚地对宠臣说："燕国畏惧大王的威势，不敢和秦国相抗，为表诚意，还为秦王亲手斩下了秦国叛将樊於期的人头。太子丹让我带着人头和贵重的国礼来拜见秦王。"

于是，第二天，秦王嬴政便在咸阳宫接见了荆轲。在进入王宫之前，士兵把秦舞阳的兵器收走，还搜了荆轲的身。

秦国法律规定：任何人上殿，都不得携带兵器；外臣上殿，不得近于秦王五十步以内。

荆轲怀抱黑木匣，走在前面；秦舞阳手捧地图，紧随其后。

两个人穿过阴冷厚重的城门，走过士兵林立的夹道，来到了大殿的台阶之下。荆轲躬着身，缩着肩，隆着背，一步一步地朝前走，眼睛紧紧盯着台阶，盯着自己拾级而上[1]的脚步，秦舞阳则不时地拿余光扫视着周围。

咸阳宫真大，这宫内的秦兵真多。这些密密麻麻的秦国锐士每人都是手持长戈，腰悬佩剑。此时，那长戈的刃口反射着阳光，让他秦舞阳一阵阵晕眩。本来这次刺秦就没打算活着回去，但不知怎么地，马上就要见到秦王了，这位勇士，却浑身颤抖起来，他感觉自己头顶发凉，想必脸色也已经惨白了，哆哆嗦嗦地跟着荆轲走进大殿。

这时，引路的宫人让他们止步。他们距离秦王已经有五十步远。

“燕国使者到。”

荆轲和秦舞阳扑通一声跪在秦王大殿中央，荆轲低头说道：“燕国特使荆轲拜见大王。”

远远地，身着黑衣的秦王嬴政抬头细细打量了他们两人，问道：“燕国特使，你的这位副使怎么如此紧张？”

---

① 拾（shè）级而上：拾，轻步而上；逐步登台阶上去。

荆轲回头看去，只见年少的秦舞阳已经哆哆嗦嗦地瘫软在地。

“大王见笑，我这副使年少，没见过世面。不要说这十二三岁的孩子，就是此时此刻，我也是浑身颤抖、冷汗直流。大王威风，大秦威风。”

“哈哈……好啦，好啦，听说燕国特使有国礼进献给寡人？”

闻此，荆轲赶紧把黑色木匣高举过头：“大王，此木匣之内是秦国叛将樊於期首级，还请大王验看。”

一名秦国武士走来，接过木匣，打开盖子，看了看，里面果然是一颗首级，然后快速地走到秦王面前，把木匣轻轻地放到了案几上。秦王低下头，仔细看了看，嘴角露出了一丝不易察觉的笑容。

“哈哈……樊将军，你可知会有今天？”

“燕国特使所言非虚，果然是樊於期的首级。寡人听说，你还有国礼要献给寡人？”

“是。”

这时，荆轲从瘫软在地的秦舞阳手中取过了地图的卷轴，递了上去。

“大王，此乃燕国督亢之地的地图，这是燕国最为肥沃之地，燕王让外臣献于大王。外臣愿为大王指出燕国屯粮驻兵之地。”

“哦，快快前来，为寡人解读此图。”

“是。”

荆轲以膝盖作脚，爬到了秦王案几前。他把督亢之地的地图放在了案几的一侧，然后右手缓缓地展开卷轴。

“大王，请细看。”

荆轲推动卷轴滚动的手非常慢，督亢之图在秦王的面前缓缓展开。在秦王嬴政眼里，展开的可不是地图，而是大片大片的国土。

秦王此刻几乎可以听到自己怦怦作响的心跳声，他心中暗想：“灭掉赵国之后，我秦军颇为疲惫。尽管燕国不强，但是继续进攻，也是大为困难。不料，这燕王竟然割地求和，以你之燕地，来养我之秦兵，燕王真是笨到家了，简直是愚蠢之至。收了你燕国督亢之地，我秦军将士正好修整一番。然后，再攻入你燕国都城，岂不爽快。”

秦王正想着，地图已经展到了尽头，出现在秦王面前的，不再只是燕国的国土，还有一把匕首。说时迟，那时快，荆轲左手一把拉住嬴政的衣袖，右手抓起匕首，狠狠一刺。

嬴政大吃一惊，他用力往后一缩，这股求生的力量竟然带着荆轲的身体改变了方向，荆轲的匕首“砰”的一下，把秦王的衣袖钉在了案几之上。秦王就势一拉，刺啦扯断了衣袖。紧接着，他想拔取腰中的长剑。

可他身上这柄剑太长了，竟然拔了三次，没拔出来。这个时候，荆轲已经把自己的匕首拔了出来，他接着向秦王刺去。嬴政没有办法，只得以柱子作为屏障，围着柱子跑了起来，荆轲手持利刃跟在后面追。两个人绕着秦王大殿的柱子兜起了圈子。这一切都发生在电光石火之间，大殿之上，群臣全都蒙了。

依照秦国的法律，任何人都不得带寸铁上殿，所以，站在大殿里的大臣、宫人，手中都没有武器。此刻，就只能站在那干着急，个个搓手跺脚，也不敢上前。

说来也巧，这天，秦王嬴政身体略有不适，所以带了一位医官站在身边。这位大夫一看情势危急，抡起手里的药囊冲着荆轲就扔过去了。荆轲身子一闪，脚下一个踉跄，给了秦王喘息的机会。有大臣喊道：“大王，背剑而拔之，背剑而拔之！”

秦王闻言，灵光一闪，只见他把腰间佩剑往身后一背，然后拔剑而出，冲着荆轲一剑斩去，荆轲左腿被砍断。他忍着剧痛，扶着柱子，缓缓地坐起来。但他明白，此时此刻，再也追不动秦王了。嬴政在荆轲身上乱砍了几剑。

“你，你为何要杀寡人？”

“为樊於期之头，为太子丹之义。”

“这些年来，刺杀寡人的何止你一人，又有哪一个成功？你们怪寡人兴起战火，寡人问你，没有战火，何来统一？没有统一，何来治世？”

荆轲不再回答，他把眼睛转向了燕国的方向，停止了呼吸。也许他从来没有想过秦王提出的这个问题，这个问题对于他这位留名千古的刺客来说，根本没有任何意义。

秦王低头看着荆轲的尸体，沉默了半晌，然后说道：“来人，把这位勇士拉下去，厚葬。”

荆轲刺秦之后，反而坚定了秦王统一天下的决心，一定要加快步伐，尽早结束战国割据的局面。于是，他命令王翦即刻率军攻打燕国。四分五裂的中华大地，渐渐被嬴政拼成了一幅完整的地图。

说一说

你怎么看秦王说的“没有战火，何来统一？没有统一，何来治世”？说说看吧。

第45篇

最牛看门大爷
暗夜守卫者

这位看门的老大爷到底有多牛？他看的又是什么门呢？

有一天，一支丢盔卸甲的楚国军队来到了郢都城下，刚要进城，城头上便有人大喝了一声："关门！"随着这一声命令，城门关闭，吊桥拉起，看门人愣是把楚国自己的这支子弟兵挡在了城外。军队里的士兵可就炸了锅了，纷纷叫了起来：

"快开城门。"

"大王在这儿，你们不想活了吗？"

"我们冲进去。"

士兵们说着拿起武器，就要往上攻。

可就在这个时候，军队中一个声音厉声喝道："住手。"

接着，只见一个人在士兵们的簇拥之下，大步而来。这个人头戴金盔，身穿金甲，胳膊上绑着绷带，脸上缠着药布。他就是当时楚国的国君——楚文王。这一次，他亲自带兵攻打巴国[①]，结果打了败仗，脸上中箭，狼狈地逃了回来。

打仗是士兵的事，怎么君王还要亲自上战场呢？

原来在春秋时期，但凡遇到出兵的事，君王常常亲自带兵，身先士卒，因为"尚武能战"是春秋时期一种贵族精神的体现。

只见楚文王朝着城头高喊："寡人在此，快点打开城门。"

这时，一个老人出现在城头。这老人皮肤黝黑，精神抖擞，他的双腿已断，坐在轮椅之上，身体消瘦，但腰板却挺得很直。见到楚文王，老人扯开嗓子，冲着城下大喊："大王亲征，大败而回，国家因此受辱，恕微臣不能打开城门。"

听了这番话，楚文王低下头，思索良久，猛地抬起头来，对着士兵们高喊："此次出征巴国，大败而归，是寡

---

① 巴国：古国名。

人的责任。黄国[①]是巴国的同盟，寡人决定现在就去讨伐它，你们愿意随寡人一起出征吗？”士兵们受到鼓舞，齐声应和：“愿意！愿意！愿意！”

就这样，这支刚刚打了败仗的军队，后队变前队，又向着黄国的方向出发了。

城上的老人看着队伍远去的方向，喃（nán）喃说道：“愿大王早日得胜归来。”

这老人是谁？他怎么居然敢不给大王开城，还教训大王？原来，这个老人名叫鬻拳（Yù Quán）。他是楚国宗室的后裔，他用这种非一般的方式劝说君王，已经不是第一次了。

早在九年前，楚文王在息国君侯的挑唆（suō）之下，与蔡国开战。蔡侯兵败被俘，楚文王把蔡侯押回了郢都，关进了大牢。

蔡侯在牢中不肯屈服，大骂息侯不讲信用、楚国不懂礼仪、楚王不仁不义，惹得楚文王大怒，下令准备烹杀蔡侯，祭祀太庙。当时，鬻拳听到这个消息，连夜进宫，求见楚文王。

楚文王一听鬻拳来了，眉头就皱起来了。

这个鬻拳是出了名的有什么说什么，他不管什么时间、

---

① 黄国：周代的诸侯国。

什么场合，也不管对方是谁，只要他觉得你错，那他就要说。楚文王已经被他数落过好几回了，你说罢他的官吧，楚文王觉得理亏，因为鬻拳每次说的都是先王的教诲、楚国的前途，抓不到他一点纰漏。更要命的是，这位鬻拳老先生不仅对别人要求严，对自己要求更严。说得夸张点，从他身上挑个错，那比从鸡蛋里挑出个骨头还要难。面对这样一个人，楚文王除了尽量不和他来往，实在找不出更好的办法。

当天晚上，楚文王听说鬻拳又来了，冲着侍从连连摆手，不耐烦地说："不见，不见，告诉他，寡人已经睡下了。"

没过多久，楚王就听到寝宫之外一片嘈杂，鬻拳洪亮的声音传了进来："我求见大王，是为了楚国的大业，你们再不让开，休怪我手下无情。"

闻此，楚王赶紧带着侍从，快步走出寝宫，见鬻拳居然手里擎着宝剑，正在与守卫寝宫的士兵对峙，眼瞅着就要发生一场恶战。

楚王厉声喝道："住手！你们在宫中械斗，成何体统。"

那时，鬻拳的双腿还是完好的。见到楚文王，鬻拳立马收剑入鞘，大踏步来到楚王面前，说："大王，蔡侯杀不得啊。"

楚王见鬻拳为蔡侯求情，沉下了脸，不高兴地说："鬻拳，你总说秉承先王教诲，一心成就楚国大业。如今蔡侯咒骂本王，侮辱我大楚，你竟然为他求情？”

“大王，要想做成大事，必须要有小小的忍耐——”

他话还没说完，楚王就连连摆手，说：“不要再说了，此事寡人主意已定，你退下吧。”说完楚文王转身就要回寝宫。

眼见寝宫的门将要关上，鬻拳急了，他一个箭步冲了过去，拉住了楚王的衣袖。

楚王大惊，喊了一声：“救驾。”两旁士兵纷纷拔出宝剑，冲向鬻拳。

情急之下，鬻拳也拔出了宝剑，他把宝剑架在了楚王的脖子上，说：“你们别过来！”

士兵们害怕鬻拳伤害楚王，全都停住了脚步。

楚王脸上肌肉颤抖，不安地说：“你——你想刺王杀驾？”

鬻拳一脸无奈地说：“大王，臣也不想这样。臣只想告诉大王，我们楚国刚入中原之地，您就用如此残忍的手法杀害蔡侯，那其他诸侯一定会联合起来，对付我大楚。如果您放过蔡侯，与蔡国结盟，那不但得到了盟友，还能让其他诸侯国信服，这是一举两得的事，还请大王三思。”

鬻拳说得太过激动，以至于手上不小心一用力，楚王这时只觉脖子上一阵疼痛，恳请道：“你先放了寡人，再慢慢商量。”

“此事关乎楚国称霸中原的大业，大王不答应，臣不放手。”鬻拳心里明白，当下自己很难全身而退了，临死前能为楚国再做一件事，也死得其所了。

楚王思索良久，说：“好，寡人答应你。”对一旁吓得全身发抖的侍从说，“传令下去，释放蔡侯，好生款待。”侍从领命而去。

鬻拳这才收回宝剑，跪倒在地，对楚王说，“臣罪该万死，请大王责罚。”

见此，一旁的士兵们一拥而上，把刀架在了鬻拳的脖子上，等候楚王发令。

楚王摆摆手，说道：“放了他，鬻拳，寡人看得出来，你是一心为了国家，这次寡人不怪你，下不为例。”

士兵们遵从楚王的命令放开了鬻拳。

可鬻拳却忽然站起身，说道：“大王赦免微臣，臣不敢自赦！臣身为臣子，对大王无礼，若不惩治，楚国必乱！”说罢，手起剑落，竟斩断了自己的一条腿。

在场的人见此状都惊呆了。

楚王一把上前，扶住鬻拳，说：“你——你何必如此呢？快传医官，传医官。”

鬻拳的行为彻底折服了楚王。楚王将鬻拳的一条腿供奉于宗庙，作为自己不纳谏的警示。

后来，鬻拳就被封为郢都城门的守卫官。楚国典守城门的官位称为大阍（hūn），地位并不低哦！楚王觉得有这样的忠臣为他守城，他可以安枕无忧了。

回到故事开头，楚文王出兵攻打巴国，结果大败而归。鬻拳便把楚文王挡在了城门之外，阻止他进城。

眼看着楚文王带兵攻打黄国而去，鬻拳担心极了，他每天都坐在城头，在心里默默地数着楚王出征的日子，一天、两天、五天、十天……一连三十天过去了，楚文王怎么还没回来？

就在鬻拳想要去黄国寻找楚文王的时候，他看到远处出现了楚国的大旗。鬻拳激动地叫了起来："大王回来了，大王回来了！"

随着队伍越来越近，他发现士兵们都穿着白色的丧服，举着的旗子也都是白色的。

鬻拳脸色大变，他知道，全军挂孝，这说明有重要的人去世了。

他急忙命人推着他出了城门，迎上楚军的队伍，高声问道："出了什么事？出了什么事？"

"大王薨了。"

"大王打败黄国之后，脸上的箭伤发作，就这么去了。"

听到这个噩耗，鬻拳爬到楚文王的棺椁前，手扶棺椁，大哭道："大王啊，大王啊，您做了身为大王应该做的事，我身为臣子，也要做臣子该做的事。如今您为国而死，臣绝不偷生。” 说完，他拔出佩剑，自刎而亡。

新君楚成王感念鬻拳一片忠心，便将鬻拳的尸体葬在了楚文王地宫的门内，让鬻拳死后，继续为文王守门。

说一说

对于这位看门大爷，你怎么看？你觉得他的沟通方式让人舒服吗？不让身受重伤的楚文王进城门的做法好不好？

第46篇

我才是真正的“牛大爷”

牛贩子救国

在上一篇故事中，我们认识了一位一片忠心为国家的守卫者鬻拳。这一篇，我们将认识一位用十二头牛挽救国家的牛贩子。这是一个商人兼牛贩子的故事。

一个漆黑的夜晚，在一条隐秘的山间小路上，一支队伍正悄悄地向前挺进。这支队伍的旗子全都卷了起来，马的蹄子缠着厚厚的麻布，马嘴上都套了嚼子，就连每一个士兵的嘴里都衔着一根小木棍，他们高抬脚，轻落步，害怕发出一点声音。

那这支马裹蹄、人衔枚的队伍是从哪儿来的呢？为什么一点声音也不许出呢？

这时，一阵山风吹过，一面旗子露出了一个角，隐约可以辨认出旗子上是个“秦”字。遇此情况，举旗的士兵吓坏了，赶忙放倒旗子，卷上旗角。这显然是一支正规军，是一支秦国的军队。

突然，一匹马嘶叫了起来，马叫声打破了周围的宁静。

为首的将领怒目圆睁，他迅速拔出腰间的佩剑，手起剑落，斩下了马头。

两旁的士兵都惊呆了。

这将军擦拭着剑身上的血迹，沉声说：“谁再敢发出声音，这匹马就是他的下场。”

这位秦国的将军名叫孟明视[1]，他指着死马，对身旁的两个士兵说：“你们处理好尸体，不能留下任何痕迹。”

“是。”

孟明视带着兵马继续前进，留下两个士兵掩埋尸体。他们小声地说：“这匹马死得可真冤啊！你说咱们这次攻打郑国，能打赢吗？”

“我听说，只要别让郑国人知道，就一定能赢。”

---

① 孟明视：姜姓，名视，字孟明，有说法是百里奚之子，春秋时期秦国人。

原来，这支秦军是要攻打郑国。

这两个士兵没有想到，他们无意中的对话，被一个藏在大树后的人听到了。孟明视带着大军，又行进了三天，在滑[1]国城外扎下了大营，这小小的滑国，距离郑国已经很近了。此刻，孟明视要跟副将筹划一下，如何神不知鬼不觉地占领郑国。

就在这时，一个士兵走进中军大帐："禀报将军，郑国使臣在外求见。"

"嗯，你说哪国使臣？"

"郑国。"

"不可能，我们这次秘密行军，郑国如何会知晓？一定是你听错了，再去问。"

士兵走出大帐，不一会儿，又回来了："将军，小人问清楚了，那个人确实是郑国的使臣。"

孟明视手捻（niǎn）须髯，对副将说："这么说来，郑国已经知道了我们的行动。既然他们有了准备，我们只能退兵了。"

副将一摆手，说："未必，将军请想，如果郑国真的有了准备，怎么会只派一个使臣前来呢？"

① 滑：周代国名。

孟明视点点头，说："嗯，看来这个使臣有些可疑，随我出去，问个明白。"

孟明视一众人等走出大帐，只见一个瘦小精干的中年人，头戴墨绿扎巾，身穿宽袖长袍，腰系蓝色丝绦，肩上挎着一个麻袋。在他的身后，有十二头肥牛。那十二头牛眼睛都像铜铃一般大，牛角青里透亮，特别是一身黄毛，就像是绸缎一样光亮。

秦国士兵眼睛都瞅直了，激动不已。

原来，在春秋时期，牛是极度缺乏、非常珍贵的家畜，只有贵族家庭里才能养得起。其实就算养得起，也未必舍得吃。那个时候的牛肉，主要是用来祭祀。普通士兵，平时看到一头牛就不错了，现在一下子看到了十二头这么漂亮的肥牛，这真是破天荒，头一回。

只见这牛主人快步上前，左手在上，右手在下，向孟明视作揖行礼，客客气气地说："郑国使臣弦高见过三位将军。"

这个行礼的方式，是士大夫阶层见面的标准礼仪，普通百姓是不懂得这个的。

孟明视见此，很是诧异，上上下下打量弦高一番，问道："你是郑国使臣为何不穿官服？"

弦高微微一笑，反问道："您是秦国将军，为何不打出秦国的大旗呢？”

“这——”孟明视被问住了，面色涨得通红。

旁边的副将眼珠一转：“我们此番前来，是要秘密赶去卫国，你可不要张扬。”

“我们国君知道，贵国一定在做机密之事，所以才命我打扮成商人的模样，这样就不会暴露你们的行踪了。”

孟明视一脸疑惑，问道：“你们郑国国君怎么知道我带兵来了这里？”

“假如我们郑国的军队到了秦国的边境，贵国君主会不知道？”说到这儿，弦高打开肩上的麻袋，从里面拿出了四张熟牛皮：“这四张牛皮，还有那十二头肥牛，是我们国君犒劳贵国军队的礼物，请笑纳。”

一听这话，秦国士兵们都流出口水了，要知道，这可是上等的牛肉啊！他们从没吃过。

孟明视见弦高礼数周到，说话得体，出手大方，彻底消除了对他的怀疑，当即下令宰牛，款待弦高。

吃喝完毕，弦高告辞离开。

出了秦国大营，他长长地出了一口气，暗想：这次虽然损失了十二头肥牛，却换来了郑国的和平，赚了。

回到家里，弦高正想舒舒服服地睡上一觉，突然，房门砰的一声被人踹开，两个黑衣人闯进来，拿刀架在了他的脖子上。

“你们是什么人？”

“少啰唆，跟我们走！”两个黑衣人架起弦高，把他带走了。

路上，弦高觉得这条路很熟悉，熟悉到仿佛自己刚刚走过。再仔细想想，没错，这不就是通往秦军大营的路吗？难道这两位是秦兵？

他猜得没错，抓他的正是秦国的士兵。

孟明视有个副将，一直怀疑弦高有问题，他越是说话滴水不漏，就越是让人感觉深不可测，越是让人觉得有必要摸清他的底细。于是，等弦高离开之后，副将就派了两个士兵从后悄悄跟踪着。

两个士兵发现弦高的家根本不在郑国城内，很是疑惑，于是到附近一打听，才知道，这哪是什么使臣，不过就是个牛贩子。

就这样，弦高被士兵们再次带进了秦军大营。孟明视见到他，十分生气，一拍桌案，喝道：“说，你到底是什么人？”

见此状，弦高强作镇定，答道：“我乃郑国使臣——”

“呸！”

旁边一副将马上就把他的话打断了：“我们已经查得

清清楚楚，你就是个牛贩子！”

弦高一愣，随即仰天大笑。

孟明视被弦高笑得心里发毛，问道：“你——你笑什么？”

“我笑你们这次根本不是去卫国办事，而是想攻打郑国吧。”

“这又有什么好笑的？”

“我郑国已经布下了天罗地网，我笑你们有去无回。”

孟明视沉吟不语，他在想，弦高的话到底有几分真几分假呢？

这时，旁边的副将叫了起来：“将军，把他拉出去砍了，祭大旗吧！”

正说着，一个士兵突然走进了大帐，说道：“启禀将军，外面有郑国使臣求见。”

“什么？一个还没搞定，怎么又来了一个？”

“孟将军，这肯定是弦高的同党，不必见了，直接拉出去砍了。”

“将军，这个使臣杀不得。因为跟着他前来的，还有留守郑国的三位将军。”来传报的士兵赶紧上前说明来人的情况。

孟明视闻此，脸色大变，他“噌”地一下站起来，讶异地说："什么？他们也来了？"

为什么一提到"留守郑国的三位将军"，孟明视的反应竟然这么大呢？

这事儿还得从两年前说起。

那个时候，晋国联合了秦国，一起攻打郑国。这郑国虽然地盘不大，但它的地理位置非常重要，哪个国家占领了郑国，就等于占据了称霸中原的咽喉要道。

就在郑国将要灭亡的时候，郑国国君派了能说会道的烛之武到秦国劝说秦穆公，他跟秦穆公说："郑国和秦国相隔很远，郑国一旦亡了，土地只能归晋国，而晋国的势力越来越大，到时一定会对秦国造成威胁。"

秦穆公考虑到自身的利益，就答应跟郑国讲和，还派了三位将领，带着两千兵马，帮助郑国守卫北门。

实际上，这哪儿是为了郑国守住北门啊，这分明是为了日后突袭郑国而留下的一支伏兵。从那以后，秦国的三位将领就一直留在郑国。

两年后，正逢郑国国君薨，新君即位，政局不稳，他们就写信给秦穆公，愿意做内应，帮助秦国偷袭郑国。秦穆公这才派孟明视率军前来。现在，打入郑国的三个内应，怎么突然跟敌国的使臣一起来了，这葫芦里到底卖的什么药啊？

想了片刻，孟明视当即下令，请三位秦国将军和郑国使臣一同进帐。

看到这位郑国使臣，弦高悬着的心也就放下来了。原来，这个使臣是跟他一起贩牛的伙伴。

原来这个弦高并不是什么郑国使臣，只是一个牛贩子。

三天前，弦高和同伴一起，赶了牛到洛邑去贩卖。晚上，他们夜宿荒郊，突然听到了马叫的声音。弦高担心遇上强盗，他循声走去，黑暗中，听到了两个埋马士兵的对话。他才知道，原来秦军是偷偷打郑国来了。等到两个士兵离开之后，弦高马上返回，叫醒同伴，让他去郑国报信，自己则冒充郑国的使臣，拖延秦军的时间。

他的同伴快马加鞭，赶到了郑国都城，向郑穆公禀报了秦军要偷袭的事。郑穆公当即派人到北门观察秦国三个将领的动静，发现他们果然在磨刀喂马。

于是，郑穆公毫不客气地驱逐了三个将军，做好了应战的准备，并且任命弦高的同伴为使臣，去接应弦高。三个秦国将军被驱逐后就去投奔秦军大营，这个时候，恰巧碰上了弦高的同伴。

事情发展到这个地步，孟明视也不想再得罪郑国，就下令释放了弦高。

秦国偷袭郑国的计划，就这样彻底泡汤了。

有意思的是，这位孟明视大将军打不成郑国，心里窝了一股火，就拿那个小小的滑国出气，于是，一举消灭了滑国，这才撤军回秦。

弦高脱险之后，回到郑国，受到郑穆公的隆重接待。

郑穆公问弦高：“弦高，你要什么赏赐？只要寡人能做到的，都会满足你。”

弦高却说：“作为商人，忠于自己的国家是理所当然的事。如果受赏，岂不是把我当成外人了吗？”

就这样，弦高谢绝了赏赐，继续做他的牛贩子去了。

说一说

弦高只是一个普通的商人，在国家有难之时，挺身而出。如果你是弦高的话，你会勇敢相救还是有其他更好的办法呢？说说你的理由。

第47篇

战国最牛大爷
唐雎不辱使命

这位最牛大爷叫唐雎。说他牛，是因为他年事已高，居然还能出任外交大臣。更牛的是，他还成功地为国、为君挡了灭顶之灾。

战国后期，秦国日益强大，开始了吞并其他诸侯国的步伐。韩国、赵国、燕国，相继都被秦国的虎狼之师攻陷。

公元前 225 年，秦王嬴政命大将王贲[①]率领着六十万大军攻打魏国，包围了魏都大梁，秦军引黄河鸿沟的水，水灌大梁城，三个月后，大梁城破，魏国灭亡。

---

① 王贲（bēn）：他的父亲是前边提起过的名将王翦。

安陵是当时附属于魏国的一个小国，秦国雄视天下，根本不把小小的安陵放在眼里。嬴政更加不屑以武力相威胁，于是，便企图以“换地”的谎言来诈取安陵。

这一天，秦国使臣来到了安陵大殿之上，拱手行礼，对安陵君说：“秦国使臣拜见安陵君。”

安陵君，就是安陵这个小国的最高统治者。安陵君对秦国使者的不怀好意心知肚明，但还是对他十分客气。

“请问——秦王有何事传达？”

秦国使臣，慢条斯理地说：“秦王打算用方圆五百里的土地，来交换方圆仅有五十里的安陵，这是秦王的恩惠，还望安陵君勿要推辞。”

秦国使臣表明来意之后，朝堂上诸位大臣一片哗然。安陵国的这些属臣，忍不住交头接耳，有的连连摇头，有的则皱眉轻叹。

安陵君对秦国的如意算盘当然心知肚明，他心里暗叫了一声“不妙”，但是表面上，他却依然不动声色，只是清了清嗓子，大殿顿时安静了下来。

安陵君满脸笑意地对使臣说：“使臣一路舟车劳顿，不如先去驿馆休息。这些扰人的国事，不急在一时。来人，护送秦国使者至驿馆休息，使臣所需物品要全部备齐，不得怠慢。”

使臣一走，安陵君就开始跟大臣们商量后续事宜。

“君上，秦国国富兵强，没必要用手段来骗取我们的国土。这是个千载难逢的好机会！既可以与秦国交好，又能扩充我们的地盘，何乐而不为？”

“君上，切不可答应秦国的条件！秦，乃虎狼之国，怎会和我们做这种吃亏的交易？估计又是以换地为名，行吞并之实。”

大臣们各执一词，谁也没有提出良策。安陵君也陷入两难之中。他坚信秦王一定不会履行换地之实，但是对于兵强马壮的秦国还是万分忌惮。

当天夜里，安陵君一夜未眠，他辗转反侧，苦思冥想，始终拿不定一个主意。他当然不想换地，但又想不出万全之策来，能有什么办法让秦国不因此而动怒呢？

第二天，安陵君对前来面见的秦国使臣说：“秦王提议，用大的地盘换我们小的地盘，实属善事。只是寡人这封地，是从先君那里继承而来的，寡人理应世代守卫，如若轻易交换予他人，寡人将无颜面对列祖列宗啊。”

于是，使臣只好带着安陵君“不交换”的答复回到了秦国，秦王嬴政当然很不高兴。

安陵君自知这样的结果一定会得罪秦王，就再次召集群臣，商议善后的良策。

有的大臣提议说：“不如派人出使秦国，一为安抚，二来也可以借机试探。”

安陵君觉得这个建议甚好，可是，派谁出使呢？

“我们安陵可有这样的人才？有着冷静的头脑、善辩的口才，懂得先礼后兵、软硬兼施，并且忠君爱国，舍生忘死就像赵国的蔺相如，安陵可有蔺相如啊？”

听了安陵君的话，大殿之上安静了很久，始终没人搭话。

半晌后，终于有一个大臣上前说：“大王，臣推荐一个人——唐雎。”

“唐雎？可是坊间传闻的那位九十岁高龄、依然耳聪目明、能言善辩的老者？”

“正是。此人刚强、直理、淡泊、忠诚。”

“为今之计，也只能是让老先生为安陵奔波一趟了。速速派人去请老先生。”

唐雎得知此事，并无推辞之意。

但是，他的家人闻此却着急了，忙劝阻道：“您都这么一把年纪了，本该安享晚年，何必这番折腾呢。况且，那秦国横扫中原各国，秦王要是打定主意吞并我安陵，您这一去不是虎口夺食吗。凶险万分啊！”

可是，唐雎最终还是不顾家人的反对，毅然踏上了出使之路。

来到秦国，唐雎请求面见秦王嬴政。

秦王嬴政，早就憋着一肚子气了。

他就等着安陵国的使臣来，痛斥一番，以此发泄心中不满。可谁知等这位安陵国使臣走上咸阳宫殿，秦王却没脾气了。为什么呢？

秦王一看，来的竟然是一位须发皆白的老人。

这老人走路虎虎生风，精神矍铄①，目光炯炯，不由得令嬴政心生敬意，这样的一位老者走到近前，谁能骂出口呢？

“老先生真乃鹤发童颜！不仅身体硬朗，而且气色也好。”嬴政说道。

“想必这跟我安陵国不受战乱之苦，百姓得以安居大有关系。”

嬴政吃了一惊，心想：这老爷子一上来就直奔主题了。

“哈哈，老先生所言不虚，安陵素来安分守己，与世无争。这正是寡人对贵国另眼相看的原因，所以寡人才提出用秦国方圆五百里的土地，交换安陵五十里的土地，这是为了让安陵的君民过上更加宽裕、富足的生活。可是，你们安陵君竟然不肯，这是为什么啊？难道是怀疑寡人的诚意吗？”

还没等唐雎开口，嬴政就接着说：“寡人的六十万大军，

---

① 矍铄（juéshuò）：形容老年人很有精神的样子。

扫平韩、赵、魏，但是并没有波及安陵。这正是因为念及安陵君忠厚本分。如若寡人真要强取，还会等到今天。”

面对嬴政的咄咄逼人[1]，唐雎泰然自若。

只见他捋（lǚ）了捋胸前的胡须，微微一笑，说道：“大王，您若真的要平等地交换，今天又怎会搬出六十万大军来吓唬小老儿。安陵是我们国君从先君那里继承来的封地，即使您拿出方圆千里的土地，我安陵也不可答应交换。说起来，这正是安陵君的忠厚本分之处，大王又何来愤愤不平啊？”

嬴政闻听此言，不由得心生恼怒，心中暗想：“好啊，你这老儿竟敢用我的话，打我的脸！”

想着想着，嬴政的脸色渐渐地变得越来越难看。只见他表情肃穆，压低声音，缓缓说道：“老先生可曾听说过天子之怒？”

“哦？未曾听说。”唐雎不以为然地答道。

这时，嬴政走近唐雎，怒气冲冲地说：“天子之怒，横尸百万，血流成河。先生可曾替安陵的千万百姓想过？”

听完嬴政的这番话，唐雎点了点头，不卑不亢地反问道：“大王，您可曾听说过百姓之怒？”

嬴政闻此，微微一笑，不屑一顾地说：“呵呵，百姓

---

① 咄（duō）咄逼人：形容气势汹汹，盛气凌人。

之怒，也不过是免冠赤足，以头抢地，撒泼打滚罢了。”

唐雎也是微微一笑，缓缓说道：“大王所言，乃庸夫之怒。勇士之怒，就像专诸①刺杀吴王僚②、聂政刺杀韩傀（guī）、要离③刺杀庆忌④，如今加上我，正好四人。若士必怒，伏尸二人，流血五步，天下缟（gǎo）素，今日是也。”说完，唐雎出其不意地拔出了身上的宝剑，仗剑而立。

这时，殿外吹来了一阵风。这风，吹动了唐雎的素色衣袍，掀起了唐雎的白发和银须，此时，在阳光映衬之下，唐雎仿若天神。

见到此情此景，嬴政的眼神中也闪过了一丝光芒。这一刻，嬴政并不慌乱，一个九十多岁的老者，即使手中有利刃，又怎能伤得了他。只是他觉得有趣，甚至觉得面前的这个老头，好可爱。

嬴政在心里竟乐了起来：“安陵小地，不足为惧，收，是早晚的事。罢了，今日不如就成全这个老者一世的英名。”

---

① 专诸：春秋时吴国棠邑（今南京市六合西北）人。吴公子光（吴王阖闾）要杀王僚自立为王，为此，伍子胥把专诸推荐给了公子光。

② 吴王僚（liáo）：吴王余昧（mèi）之子，或说庶兄，名州于，春秋时吴国的国君。曾屡次兴兵伐楚，后被公子光（即吴王阖闾）求助勇士专诸所杀。

③ 要离：春秋时吴国人，刺客，受公子光派遣刺杀了吴王僚之子庆忌。

④ 庆忌：春秋时吴国的公子，各史书对他的记载说法不同。

想到这，嬴政微微一笑，说道："寡人纵有数十万大军，也不敌老先生您一人啊！今日之事，暂且到此为止。"

就这样，唐雎凭借誓死保国的勇气，使秦王嬴政暂时放弃了占领安陵的念头。安陵小地也就被暂时地保存了下来。

说一说

读了这个故事，你觉得天子之怒与百姓之怒，哪个更厉害呢？说说你的看法。

第48篇

贵族到底贵在哪儿？
春秋战国时期的贵族精神

唐雎出使秦国，挽救安陵国于危亡之中。像唐雎这样能言善辩、恪守承诺，在关键时刻又能为国家挺身而出的人，正是春秋战国时期具有贵族精神的人。

什么是贵族精神？在外国的童话故事里，常常会出现贵族精神和骑士精神，他们宣扬勇气、信念、荣耀、公正、诚信、谦和、感恩、责任。其实，贵族精神可不只是在西方世界里有，在中国也有。

应该说自古以来，我们中国就有贵族精神，尤其是在春秋战国时期。

这些贵族，或者说是精神贵族，大多文能治国，武能安邦，出则为使，入能为相。他们忠诚、仁义、高贵、优雅。这里就有两个关于中国古代贵族精神的故事。

《韩非子》里记载了这么一个故事。

春秋时期，宋国与楚国打仗。在泓（Hóng）水的一侧，宋国军队早已经列好了阵，只等着楚国军队渡过泓水，正式开战。

宋军正在等待之时，忽然一个将军跑来找到宋襄公，说：

“大王，楚军比我军人数多了不知道多少倍。末将认为，若想获得胜利，就要趁他们在渡河一半的时候，发起进攻，正所谓兵法上的‘半渡而击之’。那时，楚军必败。如果等他们渡过泓水，恐怕……”

未等这名将军说完，宋襄公就立马摆手摇摇头，说：“不行，不行，不行！这不符合战争的原则。君子说，不能攻击已经受伤的敌人，不能擒获须发已经斑白的敌人；敌人处于险地，不能乘人之危；敌人陷入困境，不能落井下石；敌人没有准备好，不能突施袭击。现在，楚军正在渡河，我军发起进攻，不合仁义。我们不如好整以暇[①]，等楚军全部渡过泓水，列好阵式，我们再进攻吧。”

结果呢？结果宋军就真的等楚军全部渡过泓水之后，才正式开战。可是，宋军确实战斗力和人数都无法和楚军抗衡，最终寡不敌众，落得大败。

宋襄公也在这场战役中受了重伤。那时医疗条件有限，也没有什么特效药或者抗感染的药，就这样，一直熬到了第二年，宋襄公竟然悲惨地死去了。没人知道临死的时候，这位守仁义的宋襄公有没有后悔过。

说到战争，我们必然会想到兵不厌诈。

在今天我们看来，宋襄公确实有点愚蠢、呆板，因为随着历史的潮流，随着时间的流逝，我们对于“对”和“错”已经附加了不同意义的标准。现在我们看着他“呆板”，但是在那个年代，他的决定，却是一种贵族精神的流露。虽然泓水之战宋襄公失败了，但在位列二十四史之首的《史记》当中，司马迁[②]仍然尊宋襄公为春秋五霸之一。

---

① 好整以暇（hàozhěngyǐxiá）：整，严整；暇，不急迫；形容既严整，又从容，也指事情虽多，仍旧从容不迫。

② 司马迁：出身史学世家，父亲司马谈官至太史令。司马迁创作完成了伟大的历史名著《史记》。

还记得《最牛看门大爷》吗？鬻拳关闭城门，不让战败的楚文王进城，逼着楚文王燃起斗志，率军再战。

楚文王听从了鬻拳的话，带着疲惫之师、战败之军，转过身去继续打仗，为楚国挽回荣誉，这也是一种贵族精神。而鬻拳勇于劝阻文王进城，最后文王凯旋途中病死，鬻拳闻讯自杀殉主了。在当时，他的这种忠贞也是一种贵族精神。还有一个人，特别像这位看门大爷鬻拳，他的名字叫锄麑[①]。

春秋时期晋国的国君晋灵公[②]，残暴不仁，百姓苦不堪言。官员们行事都小心翼翼，生怕稍有不慎就触怒了大王。真是“伴君如伴虎”啊！当时，整个朝堂之上，只有一个人刚正不阿，敢于谏言，这个人就是佐政大人——赵盾。

赵盾屡屡提出与晋灵公相反的意见，而每一次赵盾说的又都对。这晋灵公，自然因此而积了一肚子的怨气。

于是，就在又一次劝谏之后，晋灵公终于忍不住对赵

---

① 锄麑（Chúní）：春秋时期晋国的大力士。

② 晋灵公：晋襄公之子，春秋时晋国国君。奢侈无道，暴征赋税，营建宫室，喜好用弹丸打人取乐。

盾起了杀心。但又实在找不到杀赵盾的理由，于是，晋灵公就暗地里花重金，找了一位武艺高强的刺客前去刺杀赵盾。这个刺客，就是这个故事的主人公——锄麑。

一天，赶在黎明之前，锄麑潜入了赵盾的府邸，摸到了赵盾的卧室。令他诧异的是，他发现，这么早，门居然已经大开了。

透过窗缝，锄麑看见屋子里面的赵盾已经身着盛服，俨然是一副准备上朝的样子。大概是因为时间还早，赵盾坐在椅子上闭目养神，嘴里还喃喃念着劝君向善的话。

听到了赵盾的自言自语，锄麑的内心陷入了纠结中——自己是个江湖游侠，并不在朝堂之上供职，此次前来，也完全不知赵盾是何许人也，听了赵盾的话，他犹豫了。忠量许久，锄麑在门外长叹了一声："唉，不忘恭敬，民之主也。贼民之主，不忠。弃君之命，不信。有一于此，不如死也。"

什么意思？

原来，锄麑是说："时刻不忘恭敬自己的国君，按时上朝，并且还随时想着劝君向善的人，这就是老百姓的靠山。我杀害百姓的靠山，这就是不忠。可是，我如果不杀，就背弃了我的国君的命令，这是失信。不忠，不信，我只要沾染上任何一样，都不如马上去死。”

锄麑思前想后，内心矛盾重重，最后牙关一咬，竟然一头碰死在门口的槐树下了。

锄麑之死，是在忠于百姓和信守承诺之间的抉择。他不忍心害天下人，也不能原谅自己有负君上所托；他爱惜自己的荣誉，更爱惜心怀苍生的忠臣，最终，矛盾重重的他就选择了结束自己的生命。这就体现了“舍生取义，杀身成仁”的贵族精神。

说一说

你对名节、骨气有哪些认识？你能理解鉏麑所陷入的矛盾吗？

第49篇

大王名字的那些秘密
追谥的准则

也许你会疑惑，为什么有些国君、大王的称号这么奇怪。比如，公子小白，这名字多好听，为什么又叫齐桓公呢？再比如，那个力气很大的、能够举鼎的嬴荡，为什么还叫秦武王呢？其实，“姜小白”“嬴荡”都是他们的名字，而“齐桓公”“秦武王”则是他们的谥号。

什么是谥号？古代的君王、诸侯、大臣、后妃死后，后人要按照死者生前的功过、品德和修养，给他们起个称号。这个死后的称号就叫谥号。不只中国古代有这个传统，就连朝鲜、日本、越南古时候，也有这个传统。当然，他们多多少少受到中国的影响。

君王的谥号，要先由礼官坐在一起商议，然后报给下一任的帝王；经帝王认可之后，再昭告天下。而大臣的谥号，则是由朝廷赐予的。

谥号制度的开创者是周公，这也是周公制礼的一部分。相传，周公还编著了一本专门讲谥号评定标准的书——《谥法解》。

在这本书里，周公就把谥号分成了上、中、下三类。

上谥，这就是表扬类的谥号。比如周文王的“文”就是指国君或帝王精通天文地理。有文就有武，“武”字就表示“刚强直理”，而且这个人一定有军功。比如建立周王朝的周武王，还有在位期间平定蜀乱的秦武王，他们的谥号都是“武”。上谥还有“穆”，表示广施仁德、广纳贤士，最有名的，就是春秋五霸里的秦穆公。

下谥，是批评的谥号，也可以称“恶谥”。比如周厉王，他贪婪无道，非常残暴，后来引发了国人的暴动，他逃到彘（zhì）地，并且死在那儿。他的谥号“厉”字就是残暴的意思。

中谥，就是“平谥”，这种谥号多表现同情之感。比如，某个帝王，生前既无功又无过。比如楚怀王，自己不是死后失去王位，而是在王位之上居然受骗去了秦国，当了人质。无功过之说，就称“怀”。而谥号为冲帝、质帝、少帝，往往是指帝王年幼即位，而且很早就夭折了。

因为古代有谥号的传统，所以爱惜名声的帝王会在一定程度上约束自己的行为。

历史上有一个帝王，几乎为一个谥号死不瞑目。

话说在一个伸手不见五指的夜晚，楚王被自己的儿子商臣带兵逼宫。因为他的儿子等不及了，想早日当王。

商臣手持利刃，冲到父王的寝宫，杀害了数名侍从和宫女。然后用沾满鲜血的宝剑，指着当时的楚王。这时，他带来的两个武士，已经把一条长长的白绫子打了结。

“父王，您过来，把脑袋放在这里，闭上眼，就什么痛苦都没有了。”

楚王看着自己的儿子，看着自己儿子脸上挂着的微笑，他的表情依然如以前那样温驯，就像昨天晚上给自己请安一样。不过，今天他不是来请安，而是来要自己的命！

想到这里，楚王脸部肌肉抽搐，他绝望地看着儿子，凄然地问了一句：“寡人死后，你准备给寡人什么谥号？”

商臣脱口而出：“灵，尊您为楚灵王。”

“灵”字，在谥法中可是下谥。“乱而不损曰灵”，意思就是国家衰落动乱，却不去治理，放任国家衰败。但现在这位楚王，他灭国十二，扩地千里，争霸中原，怎么甘心死后被人称为“楚灵王”呢。

只见此时的楚王听完商臣的话后，双目紧闭，沉痛地摇了摇头。

商臣见此状，想了想，又说："那就成王。父王，您为楚国扩地千里，成就霸业，是有成之君。因而，儿臣尊您为楚成王。"

听了这话，楚王才点点头，把脑袋伸进了白绫子。

这就是楚成王谥号的由来。一代君王临死之前，都不忘追问自己的谥号。由此可见，谥号在帝王心中有多重要。

秦始皇嬴政在位期间，不想"子议父，臣议君"，干脆就废除谥号制度，自称始皇帝。此后，他的后世子孙，以数来记，二世皇帝、三世皇帝，以至于万世皇帝，传之无穷。设想得确实很美好。但是，没想到秦朝二世的时候，就覆灭了。

到了汉朝，谥号制度又被恢复了，自此之后的帝王便一直沿用谥号制度。

虽说谥号代表着一个帝王或者大臣的功过，但实际上，不少帝王的谥号是名不副实的。像晋惠帝，听见蛤蟆叫，就问："这蛤蟆是公家的，还是私人的啊？"老百姓闹饥荒，大臣打报告："老百姓没粮食吃了，要饿死了，咱们得想办法呀。"晋惠帝却说："没粮食吃，那他们可以煮肉粥吃啊。"

晋惠帝就是一个糊涂蛋。但是他死后，后人竟然给他定了一个“惠”的谥号，叫晋惠帝，说他慈爱人民，对待人民非常温柔。

再比如，晋朝有个帝王叫司马德宗。史书上说他从小到大，都不会讲话，分不清寒暑冷热，没有独立行动的能力，相当于现在我说的植物人。

这个帝王的谥号是什么呢？是晋安帝。为什么用“安”字呢？

原来“好和不争曰安”。

这位皇帝是植物人，没思维，没反应，肯定是“好和不争”。因此，大臣们咬文嚼字想出一个“安”字。

其实，追加谥号本是一件好事，但是被一些别有用心的人利用了。因为他们发现，只要拍拍死去君主的马屁，给活着的君主看，就能给自己带来金钱、地位等好处。

所以，他们就绞尽脑汁，想方设法，给本来很短的谥号增加字数。

比如唐玄宗李隆基给先帝的谥号改为七个字。比如唐高祖李渊，他的谥号就是“神尧大圣大光孝帝王”；唐太宗李世民，他的谥号就是“文武大圣大广孝帝王”。

再比如，清朝千古一帝的康熙，他的谥号是“合天弘运文武睿哲恭俭宽裕孝敬诚信功德大成仁”，一共二十一个字。

那么，康熙的谥号是最长的吗？当然不是，清太祖努尔哈赤的谥号更长，一共有二十五个字，堆砌了很多好字词，谥曰“承天广运圣德神功肇纪立极仁孝睿武端毅钦安弘文定业高”皇帝。

其实，这些名义上的谥号根本没什么意义，因为历史是一个大熔炉，也是一条长河。只要是好帝王或忠臣良将，不管取了什么谥号，后人都会在这条长河当中看到他们的光芒。

说一说

谥号制度有什么好的地方，有什么不好的地方？说说看。

观复猫讲文物

观复猫介绍

花肥肥：理事长。观复猫的领袖，学识渊博的智者，和蔼可亲的长辈。胸怀大志，把握大局。

黄枪枪：接待馆长。温柔大气，善解人意，逢叫必答，稳重大方。白身黑尾的猫被称为“雪里拖枪”，枪枪的白身黄尾更为名贵。天生丽质，高贵妩媚。

麻条条：运营馆长。体态轻盈，一看就是体操运动员的坯子。活泼好动，动作自如且优雅。哪儿不好走就偏走哪儿，走自己的路，不管外界的评价。

云朵朵：营销馆长。名字富于诗意，也与她蓝白毛色相符。天真烂漫，单纯活泼，对新事物充满好奇心。有些害羞，体谅他人，像个小天使。

蓝毛毛：学术馆长。观复猫的智多星，聪明有智谋，遇事冷静。爱读书，爱美食，尤其爱甜食。文静内向，喜欢“宅”在家里。

34. 六十多斤的大砝码

战国中晚期高奴铜石权

今天，麻条条给你介绍一块战国中晚期的“铜块”——高奴铜石（dàn）权。

高奴铜石权　战国中晚期

陕西历史博物馆藏

高奴权是器物上刻的铭文。高奴是一个地名，在今天的陕西延安。权是一个衡器，就是衡量的“衡”，相当于现在天平上的砝码。

这件权有一个短粗的把手，下面是沉甸甸的半球体，重三十多公斤。器物的周身还刻有三种字体：大篆、小篆和隶书。上面有 6 行共 16 个字的铭文，记录了秦王嬴政统一六国、始称皇帝、统一度量衡等历史功绩。

当时，秦武王举鼎而死后，继位的秦昭襄王做了这件石权，发送到高奴，作为当地称粮食的衡器。秦始皇统一六国后，又将这件权调回校正，刻上了统一度量衡的诏书，重新发回高奴。秦二世再次将这件权收回，重新刻上二世元年有关度量衡的诏文。

在这里，石（在古书中读 shí）是重量单位，就是我们今天石头的石字。秦国的一石是 120 斤，秦国的一斤大约相当于今天的半斤。由此可知，一石差不多是今天的 60 斤。

这件石权两次被发往高奴，又两度被调回咸阳校正，反映了战国到秦朝建立，一直保持统一的度量衡制。同时，此权上有大篆、小篆和隶书三种文字，为我们了解我国文字的演变、发展也提供了极为珍贵的资料。

35. 能保命的精美皮盾

战国长沙楚墓皮胎漆盾

今天，蓝毛毛给你讲战国时期的一面彩色盾牌——长沙楚墓皮胎漆盾。

长沙楚墓皮胎漆盾　战国

湖北省博物馆藏

这是一面长方形的盾牌，是用皮革做的。这面盾牌出土的时候，皮胎已朽，仅残存正、背面的漆皮。盾牌的上部为双弧形，下部为长方形。它的通体为红黑色，并用红、棕红、黄、金四色在正、背两面画了彩色的花纹：正面为对称的龙、凤卷云纹；背面为变形云雷纹。它是战国时期楚人的防御工具，距今至少有两千二百多年了。

盾，是用来阻挡矛或箭等武器的。还记得“自相矛盾”这个成语吗？矛和盾是世界上既对立又统一的两件兵器。对立，是说它们的用途完全不同：一个刺，一个挡；统一，是说它们必须共同存在，缺一不可。有矛，就要有盾；有盾，就要有矛。

可是，当时为什么用皮革，而不用更结实的金属做盾呢？这是因为金属做的盾拿着会很重，士兵在战场上，要单手持盾挡身，而且还要不断地奔跑、移动，拿着金属盾会比较费力。皮革做的盾，就轻便多了。但是这件皮胎漆盾并不是防御武器，而是舞蹈道具，在仪仗等活动中也会用到。

田单复国的故事里，乐毅率领燕、赵、韩、楚、魏五国兵马去攻打齐国，五国联军像千百支长矛般一起刺来，又像是万箭齐发，一下就把齐国打趴下了。齐湣王在逃亡中被楚将杀死，眼看齐国就要灭亡了。就在这千钧一发之际，田单挺身而出，就像齐国的大盾一样，挡住了五国联军疯狂的进攻。然后，用一千头牛冲入敌阵，打败了联军，使齐国死而复活。你说，是矛更厉害呢，还是盾更厉害呢？

36. 大自然孕育的神奇石头

战国兽面纹玉璧

今天，花肥肥给你介绍一件像大饼一样的文物——兽面纹玉璧。

兽面纹玉璧　战国

故宫博物院藏

这个玉璧呈青绿色，内含白斑。表面有褐色沁色，中部以绳纹为界，外饰四组兽面纹，界内是像谷粒一样凸起的谷纹。

根据古书上的记载，古人把这种片状、圆形、中间有孔的玉器分为三种：边宽、孔小的，称为璧；边窄、孔大的，叫“瑗”（yuàn）；边和孔一样大的，叫“环”。

此外，古人对边和孔还有专门的称谓：把边称为“肉”，把孔叫“好”。商周时期的玉璧是专为贵族使用的礼器。商代的玉璧大多是素面的，没有纹饰。到西周时期，较大的玉璧大都还是素面无纹的；较小的，人们则会在上面雕琢一些龙、凤或者鸟纹什么的。

到了春秋战国时代，玉璧开始被大量作为配饰。用于配饰的玉璧都比较小，直径一般在 10 厘米之内。玉璧，还成了在礼仪场合中用手执拿的信物。人死了以后，还把玉璧埋到墓葬里去。后这两种玉璧个头就比较大了，直径有二三十厘米，就像我们今天说的这个玉璧。

和氏璧的故事，还记得吗？后来，这个和氏璧被做成了传国玉玺，可惜今天已经找不到了，所以，也不知道它到底是什么样子。但是，既然称为璧，那么就应该和今天所说的玉璧差不多。

37. 古代丞相的印章

战国“长于君相室鉨”玉玺

今天，云朵朵给你介绍一个刻有文字的小石块——“长于君相室鉨”玉玺（xǐ）。

“长于君相室鉨”玉玺 战国

天津博物馆藏

这件玺像一座金字塔的模型。它是用白玉制作的，底面刻了六个字：“长于君相室鉨”。“长于君”是一个人的名字；“相室”是官职，也就是相国；“鉨”就是“玺”。

秦王嬴政继位十九年之后，秦国终于灭了赵国，和氏璧也归了秦国。秦始皇命令丞相李斯用和氏璧做成了一方玉玺，还用小篆在上面雕刻了“受命于天既寿永昌”八个字。从此之后，和氏璧就成了历代正统皇帝的信物，被称为传国玉玺。

秦朝灭亡后，汉高祖刘邦得到传国玉玺，代代相传。之后，每个王朝的统治者都想持有这方玉玺，表明自己是正统的皇位继承者。王莽篡位的时候，到后宫向皇太后索要，还把它磕坏了一个角。西汉灭亡时，传国玉玺又传到了东汉光武帝刘秀手中。汉献帝禅位，东汉灭亡时，传国玉玺落入曹家。曹魏灭亡，玉玺又先后归入西晋、东晋。隋统一江山，传国玉玺又进了杨家。

五代的时候，传国玉玺失踪了。到了北宋哲宗时期，有一农夫在耕田的时候发现了传国玉玺，上交朝廷。北宋灭亡，玉玺被金人抢走，又销声匿迹了。元初，传国玉玺竟然在闹市中被叫卖，后被购入皇宫。

元朝灭亡，朱元璋让徐达入漠北，找寻传国玉玺，但是他始终没有找到。到了清初，蒙古的林丹汗被剿灭，他的后裔献出了传国玉玺，但是上面却刻着“皇帝之玺”。乾隆皇帝钦定它是赝品。

关于和氏璧做成的传国玉玺，还有很多的待解之谜等待新的史料和考古发掘来解开。

38. 楚国大王赐的官印

战国“君之信玺”玉印

今天，黄枪枪给你介绍一个古代的图章——“君之信玺”玉印。

“君之信玺”玉印　战国

中国国家博物馆藏

这个玉印是白玉制作的，它的形状和“长于君相室鉨”非常像，也是官印，印面琢刻精细，有“君之信玺”的字样。春秋战国时期多为铜印，玉印极少，所以它特别珍贵。战国时期没有玺和印之分，既能称玺，也可叫印。

印，是信任的象征。印是什么时候出现的，目前还没有定论。但最早的应用，是在商业交流中开始的。现在可见的、最早的印，大多是战国时期的。还记得苏秦吗？他主张合纵抗秦，曾经一人挂六国的相印！

秦始皇统一中国以后，才规定皇帝用的印叫玺，臣子、官吏用的叫印。汉代又规定，将帅使用的印叫章。到唐代，武则天又把玺称为宝，后来宝与玺并用，一直延续至清朝。今天，我们则都称之为印或者章了。

在战国、秦至汉初，由于纸还没有发明，当时的书籍、公文、信件都是写在竹条或木条上，叫简牍（dú）；或者写在丝织品上，就是帛书。有些公文、信件在传递时，需要保密。于是，人们就用丝绳把简牍或者帛书捆扎起来，打上结。然后，用一块软泥将绳结封住，再在软泥上按下印纹。这样，重要的简牍或帛书在传递的过程中，运送的人就不敢私拆偷窥了。

开始，人们大多用铜、银、金、玉等材料做印材；后来，又慢慢地有了牙、角、木、水晶等材料。元代以后，开始盛行石质的材料了。战国时期的印都很小，到汉代也是，为的是便于携带。后来，就越做越大了，清代皇帝的玺、宝，又大又重，拿起来都很吃力。

为什么会这样呢？这是因为：印，不仅是信任的表达，还是权力的象征。

39. 会飞的“子弹”

战国青铜箭镞

今天，麻条条给你讲一件会飞的兵器——青铜箭镞（zú）。

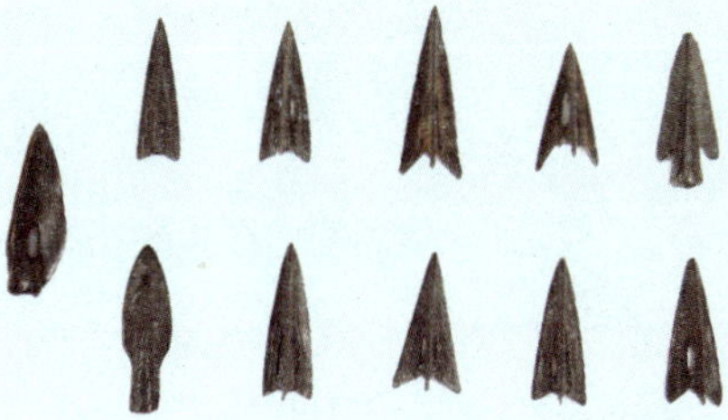

青铜箭镞　战国

观复博物馆藏

这一组青铜箭镞，是战国时期的，它们大小、形状各异：长度不等，其中有九枚是三棱的，两枚是四棱的，一共十一枚。

弓箭，是最早的兵器。早在旧石器时代，人们在抓捕野兽时，就已经采用投射的方式了——用石头、骨头做成尖锐物，用力抛向猎物。考古发现，新石器时代有石镞、骨镞和蚌镞，但都是手工磨制出来的。

到了商代，箭镞大都是用青铜来制作了，除用于狩猎外，多用于战场，成为远射的武器。箭镞的形状也趋向多样化，有双翼的、三棱、四棱的，也有扁叶形和圆棒形的。金属箭镞更坚硬，杀伤力也更强。到了春秋战国时期，箭镞不仅形状多样，还可以带毒。有时人们会在箭头上铸上凹槽，把毒粉涂在槽里，人一旦中箭，就可能中毒而亡。

40. 穿林打叶的射箭神器

战国青铜弩机

蓝毛毛今天给你介绍古代的"手枪"扳（bān）手——青铜弩机。

青铜弩机　战国

观复博物馆藏

古代虽然没有手枪，但是有像手枪一样的远程射击武器——弩。弩是由弓发展而来的。它是用机械的力量来射箭，由弓、弩臂和弩机三个部分组成。弓装在弩臂的前端，弩臂用来承托弓和撑起弦，弩机装在弩臂的后面。使用时，将弓弦拉开用弩机扣住，把箭杆放入弩臂的矢（shǐ）道内，也就是箭槽里。瞄准目标后，扣动弩机，使弓弦弹回，离弦之箭就飞出去了。弩机，就是弩的扳机，是发射箭的机关。

这件青铜弩机上已布满了绿色的铜锈，但是扣动的机关现在还勉强可以转动。可别小看了这样一个扳机，正是因为它的出现，才能使弓升级为弩，极大地增加了射程。弓箭的射程不过一两百米，而弩的最大射程可以达到八百米，这是靠双臂的力量根本无法达到的。

弩这么厉害，是谁发明的呢？据说，是楚国人。战国时期的军队以步兵为主力，他们排列成大型方阵后难以快速移动，所以，在交兵前，用强弩射箭具有很大的杀伤力，楚国发明了弩之后，各国就都普遍使用强弩来进攻。

秦军就是使用强弩最成功的典范。两军对阵时，秦国弩兵在军令之下，统一扣动弩机，就听得"嗖嗖嗖，嗖嗖嗖"，射出的飞箭黑压压一片，甚至可以遮蔽天空。弩的巨大杀伤力和震慑力，也使秦国的虎狼之师所向披靡。

长平之战，是人类历史上最残酷的战争之一。此战中，秦军的强弩就发挥了巨大的作用，连赵国的主将赵括也进入了弩机的射程之内，被射死了。

41. “友谊小环”挂腰间

东周羽人朱雀纹环

今天，花肥肥给你介绍一件像个数字“0”一样的文物——羽人朱雀纹环。

羽人朱雀纹环　东周

观复博物馆藏

这件羽人朱雀纹环是用青玉制作的，上面有沁色，还雕出了羽人。羽人，就是长着翅膀的人。这个羽人跪卧着，上身回转。他的对面，有一只朱雀，好像在引吭（háng）高歌。其间还有螭（chī）虎穿过环身，侧面开了一个工字槽，应该是为了佩戴用的。

前面我们讲过，在古代，玉器的边被称为“肉”，孔被称为“好”。玉璧，是肉多好少的玉器。要是肉少好多，就叫“瑗”。肉和好相当的，就叫“环”了。奥林匹克运动会的会旗被称为五环旗，它的中央就有五个相互套连的圆圈。你说，按照中国古人对玉环的定义，那这个五环旗是不是应该叫“五瑗旗”呀？

相传齐襄王后智破连环故事里面的玉连环，就是用玉制作的两个或是多个套合在一起、“肉”与“好”差不多宽的圆形玉片。“肉”与“好”的比例，虽然古代典籍中有明确的记载，但实际上，古人在制作的时候，并没有严格的规定。因此，一般把边比较宽的统称为璧，而孔比较大的就都叫环了，而不常称瑗。这就是我们今天称奥林匹克运动会的会旗为五环旗的原因了。

玉环在使用中还蕴含有特殊的意义。古书上说：“问士以璧，召人以瑗，绝人以玦[1]，反绝以环。”这是什么意思呢？就是说如果国君向有才学的能人志士请教国事，要用璧来表示诚意；要召用下属，就用瑗；双方断绝关系就用玦；如果断绝关系之后，又后悔了，想挽回，那就送一个玉环来表示表示。环的谐音就是“回还”的“还”。

---

① 玦（jué）：半圆形有缺口的佩玉。

42. 针也可以用来治病？

战国青铜砭针

今天，云朵朵给你介绍战国时期的一根针——青铜砭（biān）针。

青铜砭针 战国

陕西医史博物馆藏

这根战国时期的青铜砭针，和我们家里常用的缝衣针差不多长。不同的是，这根青铜砭针没有针孔，没有穿线的地方，那它是干什么用的呢？

中医有一种很特别的治病方法，叫针灸（jiǔ）。针和灸是两种治疗方法：灸法是利用炽（chì）热的刺激来预防和治疗疾病；针法则是按照一定角度把针刺入病人体内，然后捻转和提插，通过刺激穴位，达到治疗疾病的目的。《黄帝内经》里面就记载了针灸的理论和技术。

这根青铜砭针就是用来针灸的。锥子状的针尖，是用来针刺穴位的。另一头半圆形的刀刃，是用来放血、排脓（nóng）的。这样，就达到了“一针两用”的效果。

有一个成语叫“针砭时弊”。这里的“砭”，本义就是刺穴治病的石针。砭字是石字边的。是不是很好奇，石头怎么能当针呢？只要功夫深，铁杵都能磨成针，何况是石头呢？石头一样可以磨成针。后来，随着金属的广泛使用，人们才开始用铜来做针。因为针砭是用于刺的针，后来就引申为“发现或者指出错误”的意思，这个成语就是由此引申出来的。

43. 两千多年前的项链

战国珠宝项饰

黄枪枪今天给你讲一件戴在脖子上的文物——珠宝项饰。

珠宝项饰　战国

甘肃省文物考古研究所藏

这件项饰是“U”字形的，出土的时候，就戴在墓主人的脖子上。它由绿松石、玛瑙、金饰件组成，并穿成六串。这六串饰物，再通过左右两边的金饰件一固定，相互联结在一起。把六条独立的串饰连成一体，佩戴起来的装饰效果就特别好。

绿松石“形似松球，色近松绿”，是古老的宝石之一。它色泽淡雅，光润秀丽，人们佩戴和使用了五千多年了。绿松石的产地以湖北郧（yún）县最为著名。所以，有的专家认为，和氏璧的材料就是绿松石，因为当时楚国的地界，就包括湖北郧县。除了湖北，安徽、陕西、河南、新疆、青海等地，也有很多地方产绿松石。

玛瑙，早期被写成“马脑”，因为古人以为它是马的脑子变成的。中国出产玛瑙的地方有云南、东北和西北地区。玛瑙和绿松石，都是因为特殊地质结构而形成的。因为稀少、多彩而珍贵，所以，人们就把它们做成珠宝，供富贵之家赏玩和佩戴。项饰上的黄金更是极其稳定的贵金属，不但能做成装饰，还是货币呢。

还记得吕不韦的传奇故事吗？《战国策》记载他在邯郸遇到秦国的人质“异人”之后，认为奇货可居，但又拿不定主意，就去问他的父亲：“耕田能获几倍的利？”父亲说：“十倍。”又问：“经营珠宝生意能获几倍的利？”

吕不韦是个大商人，但到底做什么买卖却不得而知。《史记》上说：“往来贩贱卖贵，家累千金。”而《战国策》中的这段对话，使很多专家推测，吕不韦就是个珠宝商。所以，他父亲回答：“经营珠宝可以获利百倍。”

44. 一柄拔不出的剑

战国黑漆鞘云气鸟兽纹铁剑

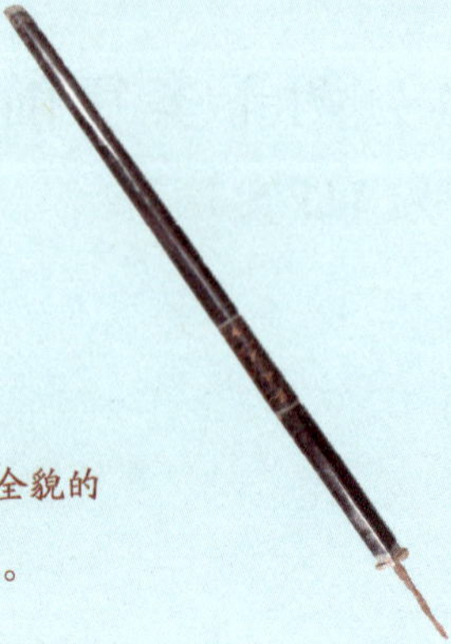

今天，麻条条给你讲一件无法看到全貌的文物——黑漆鞘（qiào）云气鸟兽纹铁剑。

黑漆鞘云气鸟兽纹铁剑　战国

观复博物馆藏

这件黑漆鞘云气鸟兽纹铁剑是战国时期的一把铁剑，也就是荆轲刺秦王那个时期的，距离今天至少有两千二百年的历史了。剑柄已经腐蚀得只剩下柄芯。可以看出，这把剑是使用金属铁铸造的。剑鞘上涂的是黑漆，靠近剑鞘上部有一段彩绘，画的是云气鸟兽纹，保存得很好。

剑身是什么样的呢？不知道。因为这把剑根本无法从剑鞘中拔出来。

在当时，这把铁剑是一件非常高端大气上档次的佩剑，从剑鞘的装饰就能感受出来，剑的主人定是把它作为心爱之物。另外，在当时铁剑比青铜剑更先进、更好用。青铜是铜、锡、铅的合金，必须严格调整好合金的配比，才能使制作的兵器既有强度，又有韧性。即使这样，青铜剑也不能做得太长，否则，就无法兼顾强度与韧性。

到了春秋晚期，中国开始步入铁器时代，这是中国历史上一个极为重要的时代。人们最早知道的铁，是陨石中的铁，天然铁是很少见的，所以铁的冶炼和铁器的制造经历了一个很漫长的时期。在人们熟练掌握了青铜冶炼的技术后，慢慢掌握了冶炼铁的技术，铁器时代就到来了。

铁有非常好的韧性，所以可以把剑做得很长。秦王嬴政在遇到荆轲的刺杀时，一时拔不出剑来，就是因为他佩的铁剑太长了。铁剑的强度也比青铜剑高，成本低，还比青铜剑轻便，所以到战国时期，佩剑都大多用铁剑而不用青铜剑了。

45. 一辆精巧的玩具小车

西周刖人守囿挽车

蓝毛毛今天给你介绍一辆铜做的小车——刖（yuè）人守囿（yòu）挽车。

刖人守囿挽车　西周

山西省博物院藏

这辆车很小巧，可以单手托起。不仅能挽环牵引，还能手推转动，就像一节火车的车厢。

这辆挽车是厢式六轮车，由两大、四小共六个轮子组成。除六个车轮外，车厢的两扇顶盖都可以被开启。前有车门，可开启，门旁站着一个全身赤裸的守门刖人。

刖人就是因犯罪被砍去单脚或双脚的人。还记得和氏璧的故事吗？被砍去双脚的卞和，就是刖人。西周时期普遍施行的刑罚主要是：墨、劓（yì）、刖、宫、大辟。墨是在脸上刺字，劓是削去鼻子，宫是割去生殖器，大辟就是死罪。刖，在五刑中是中等的处罚。被处以刖刑的人，大都被分派去做看门的工作。

小车的身上还装饰有猴、熊、虎、鸟等 14 个立体的动物形象。顶盖上，嵌有一只顽劣调皮的猴子，提起猴身，便可以打开厢盖。古代管那些聚集着飞禽走兽的地方叫囿，是供君王打猎的场所。这就是这辆小车名字——“刖人守囿挽车”的由来 。

46. 盛饭碗还能写字？

春秋时期青铜秦公簋

花肥肥今天介绍一个有很多文字的盛饭碗——青铜秦公簋（guǐ）。在北京，有一条街，就叫"簋街"，那里有好多好吃的。

青铜秦公簋　春秋时期

中国国家博物馆藏

这件秦公簋"鼓着肚子"，收敛上口。簋盖和身上，都有细小的蟠（pán）螭（chī）纹；双耳上做兽首；器内和器盖内共有当年的铭文一百零五个字。秦汉时期，又有补刻的铭文。古代祭祀时，双数的簋与单数的鼎配合使用，簋是盛谷物用的，鼎是盛肉用的。

古代祭祀是有等级之分的：天子用九鼎八簋，诸侯用七鼎六簋，大夫用五鼎四簋，士用三鼎二簋。在祭祀之前，先要按照等级把鼎和簋分别陈列好，簋里面盛着煮熟的谷物，通常是黍（shǔ）、稷（jì）之类，也就是我们今天说的黄米和糜（méi）子。

铸造秦公簋是不是也是用来盛谷物的呢？不是的，看这个簋上铭文的内容就知道了。铭文的内容是器主给自己的祖先写的一篇祭文，他歌颂了十二位先祖。同时，也表达了自己想要建立霸业、统一天下的宏愿。可见，秦公簋是祭祀祖先的礼器。不过，至于秦公具体指的是谁，目前还存在争议，有人说是秦襄公，也有人说是秦景公，还有的说是秦桓公。

47. “一拍即合”的玉符

战国螭虺纹玉符

螭虺纹玉符 战国

观复博物馆藏

今天，云朵朵给你讲一件体量很小，但是用处很大的文物，它的名字叫“螭（chī）虺（huǐ）纹玉符”。

这件玉符是用白玉制作的，分上下两半，盝（lù）顶。盝顶，就是中国古代传统建筑的一种屋顶的式样，由四根或者多根柱子支撑起的一个平面，周围倾斜下来。过去有很多井台上盖的亭子，大多都是这样的盝顶。故宫博物院里面有很多井亭，就有不少是盝顶。比如，北边的钦安殿——供奉真武大帝的建筑，就是盝顶。还有人民英雄纪念碑的碑顶，也是盝顶。

这块玉符的周身饰有螭虺纹，螭虺相互缠绕。螭，是中国古代传说中一种没有角的龙；虺，则是传说中生活在水中的毒蛇。这个玉符长宽都是两厘米，呈正方形。还有一个是盛放它的青铜盒，也是正方形，长宽差不多都是三厘米。造型和纹饰与玉符相同。

我们知道虎符是国君与带兵打仗的将领之间传达命令的信物。但是，除了君主和将领之间传递战争的信息，其他人之间也还有很多别的重要的信息需要传递。那不能都用虎符啊，怎么办呢？这就要用到玉符了。玉符就是古人用来在日常生活中传递信息的。把玉符上下一合，也暗示了心意相通、忠诚执事。

48. 盛肉的铜案板

春秋晚期镂空龙纹俎

今天，黄枪枪给你介绍一件像板凳一样的祭祀用具——镂空龙纹俎（zǔ）。

镂空龙纹俎　春秋晚期

河南省博物院藏

这是一件铜做的俎，俎面是长方形，中间略窄，还略微向下凹，四条腿儿是扁平的凹槽形。俎面上和四足都有透雕的矩形纹，装饰有变形龙纹。

俎面上为什么会有漏孔呢？原来是为了在盛肉时，使肉的汤汁流出去。俎是祭祀用器，它与鼎、匕是配合使用的。下面我们看看它的使用方法，黄枪枪可是参照了《仪礼》的内容呢。牢，用来圈养祭祀用的牛、羊、猪。少牢，是相对于太牢而言的。古代贵族的等级划分为四等：天子第一；诸侯第二；大夫第三；士第四，也最低。在祭祀的时候，天子和诸侯都使用太牢，第一个鼎里盛放的是牛，但天子用九鼎，诸侯用七鼎。大夫只能用少牢，第一个鼎盛放的是羊。士祭祀第一鼎盛放的是猪。

祭祀前，先要用大锅把羊、猪、鱼、麋鹿都煮熟。然后，在祖庙的大门外摆上五个鼎。这五个鼎里面分别盛放羊肉、猪肉、猪的皮肉、十五条鱼、一只麋鹿。祭祀开始时，主人上前揭去鼎上的盖。盖是用竹草编的，既可以防尘，又能够保温。士，也就是大夫的家臣，就出场了。通常，士们两个人一组，用鼎杠穿过鼎耳，将五个鼎依次抬入庙门，放在庙堂的东侧。因为鼎是不能进入庙堂里的，所以要把里面盛的肉取出来，这些肉放在哪里呢？就放在我们今天看的俎上。

俎一共用六个，其中五个分别盛放五个鼎里的肉，还有一个俎用来盛放羊和猪的心脏、舌头，表示对神灵和祖先的恭敬。接着，把俎都端到庙堂里，还有煮熟的谷物和酱、汤，一起敬献给装扮成神灵的“尸”吃。后面还要敬酒，吃饱喝足了，祭祀也就完成了。

49. 陪葬的大酒壶

蔡侯申方壶

今天，麻条条要给你讲一件刻有名字的盛酒器——蔡侯申方壶。

蔡侯申方壶　春秋晚期

中国国家博物馆藏

这件蔡侯申铜方壶是方形铜壶，高 79.8 厘米；壶口宽大，方便倾倒；口长 18.5 厘米，口宽 18.3 厘米；壶颈较长，显得线条优雅；壶的腹部呈圆形，装饰有繁缛（rù）的蟠虺（huǐ）纹，并有十字界栏，很漂亮；铜方壶两耳为兽形衔环，相对壶体较大；四兽作足，对称分布，装饰华丽；盖顶采用中原流行的样式，设计成镂（lòu）空的莲瓣形，分做六瓣，清新盎然；壶颈内壁还有六个字的铭文：为蔡侯申作器。

蔡国是西周最早的封国之一，第一任蔡君是周武王的弟弟叔度。都城就在现在河南驻马店的上蔡县。蔡国国君都姓姬，属于天潢（huáng）贵胄。蔡侯申是蔡国的第二十位国君，这时候的蔡国已经是依附于楚国的小国了。

公元前 509 年，楚昭王因得到了湛（zhàn）卢宝剑，邀请蔡侯申及唐、曹、陈等小国的国君，到楚国郢都（Yǐngdū）（就是湖北江陵）参加庆典活动。蔡侯申带着这把心爱的酒壶去了楚国。不想，楚国的令尹囊瓦，看中了蔡侯申的酒壶，宴会后就派人去索要。蔡侯申不给，竟然在驿馆中被关押了三年。后来，蔡国的臣子偷出酒壶，送给囊瓦，才救出了蔡侯申。

但是，这件事情后，蔡侯申怒气难消，从此就背叛了楚国，投奔了楚国的敌国——吴国。公元前 506 年，在吴楚交战中，蔡侯申灭楚并夺回酒壶。但楚复国后蔡侯申就被刺杀了，蔡侯申铜方壶就陪他一起下葬了。一直到 1955 年在安徽寿县出土。

图书在版编目（CIP）数据

凯叔讲历史．4，春秋战国．下 / 凯叔著．-- 北京：
中信出版社，2018.7
ISBN 978-7-5086-8941-8

Ⅰ．①凯… Ⅱ．①凯… Ⅲ．①中国历史—战国时代—
青少年读物 Ⅳ．①K209

中国版本图书馆CIP数据核字（2018）第097106号

凯叔讲历史4 春秋战国（下）

著　　者：凯叔
出版发行：中信出版集团股份有限公司
（北京市朝阳区惠新东街甲4号富盛大厦2座　邮编 100029）
承 印 者：北京楠萍印刷有限公司

开　　本：880mm×1230mm 1/32　　印　　张：5.5　　字　　数：110千字
版　　次：2018年7月第1版　　印　　次：2018年7月第1次印刷
广告经营许可证：京朝工商广字第8087号
书　　号：ISBN 978-7-5086-8941-8
定　　价：24.80元